Der Klarinettenchor

W. A. Mozart (1756-1791)

„Ach, wenn wir nur Clarinetti hätten!"

Friedrich K. Pfatschbacher

Der Klarinettenchor

Eine spezielle Ensembleform erobert die internationalen
Konzertbühnen

© 2017 Friedrich K. Pfatschbacher

Umschlag, Illustration: Friedrich Pfatschbacher

Verlag: tredition GmbH, Hamburg

ISBN

Paperback	ISBN 978-3-7439-4240-0
Hardcover	ISBN 978-3-7439-4241-7
e-Book	ISBN 978-3-7439-4242-4

Printed in Germany

Inhaltsverzeichnis

Vorwort zur ersten Auflage

Vorwort zur zweiten Auflage

Einleitung _____ 1

1 Der Klarinetten-Chor_____ 4

   1.1 Die Entwicklung des Klarinetten-Chors _____ 4

   1.2 Frühe Klarinetten-Ensembles in den USA_____ 17

   1.3 The Balanced Clarinet Choir Movement in den USA_____ 26

   1.4 Der Status Quo des Klarinetten-Chors im 21. Jahrhundert __ 41

   1.5 Die Klarinetten-Chor Entwicklung ab 2005 _____ 50

2 Zur stilistischen Entwicklung der Werke für Klarinetten-Chor __ 57

   2.1 Instrumentation, Besetzungs- und Klangmöglichkeiten ____ 57

3 Gattungsgeschichtliche Zusammenhänge _____ 85

   3.1 Der Klarinetten-Chor als Gattung? _____ 85

4 Schlussbemerkung_____ 91

5 Literatur_____ 93

6 Werkkatalog _____ 106

   6.1 Werke mit Klarinetten-Chor Begleitung _____ 138

   6.2 Diskografie-Tipps _____ 140

Vorwort zur ersten Auflage

Seit dem Abschluss meines Musikstudiums im Jahre 1990 konnte ich viel Erfahrung als Pädagoge an der Musikschule Mautern und Klarinettist in den verschiedensten Kammermusikformationen sammeln.

Eine erste Anregung zu dem Thema der vorliegenden Arbeit erhielt ich in Gesprächen mit Herrn o. Univ. Prof. emer. Dr. Wolfgang Suppan. Die intensive Beschäftigung mit meinen eigenen Klarinetten-Ensembles und die vorgeschlagene Thematik von Prof. Dr. Wolfgang Suppan führten zu dem Entschluss, über das Thema „Klarinetten-Chor" zu schreiben.

Anfangs dachte ich, die gesamte Ensemblebildung mit Klarinetten – vom Duo bis zum Klarinetten-Chor – zu behandeln. Das überreiche Angebot an Kompositionen für Klarinetten-Duo, -Trio, -Quartett und -Quintett empfahl die Beschränkung auf den Klarinetten-Chor.

Herrn Prof. Dr. Wolfgang Suppan, der 1999 die wissenschaftliche Betreuung übernahm, bin ich besonders für die Unterstützung und Förderung dieser Schrift zu Dank verpflichtet.

Weiter sei meinem Zweitbetreuer Herrn o. Univ. Prof. Dr. Peter Revers für die kritischen Hilfestellungen gedankt.

Zu Dank bin ich auch zahlreichen amerikanischen Universitäts-bibliotheken verpflichtet, die mir in viele unveröffentlichte Materialien und Untersuchungen Einblick gewährten.

Ein herzliches Dankeschön auch meiner Familie, die doch so manche Entbehrungen auf sich nehmen musste.

Vorwort zur zweiten Auflage

Es freut mich ganz besonders, eine Neuauflage meines 2005 erschienenen Buches vorlegen zu können.

Ich nutze nun die Möglichkeit, vielfältige Anregungen und Entwicklungen in den letzten 10 Jahren nachzutragen. Viele Klarinettenchöre sind seitdem weltweit gegründet worden, sei es auch nur am Bildungssektor oder zu Ausbildungszwecken. Das soll aber nicht darüber hinwegtäuschen, dass der Klarinettenchor generell immer beliebter wird und als fixer Bestandteil im Konzertleben vieler Länder im Vormarsch ist.

Ich hatte auch selbst die Möglichkeit, mit meinem eigenen Ensemble, dem Österreichischen Klarinettenchor, im In- und Ausland zu konzertieren, wo ich viele neue Arrangements und Originalliteratur kennenlernen durfte und so den überaus kolorierten Klang des Klarinettenchors noch mehr schätzen lernte und neue Impulse bekam.

Nicht nur uns Experten ist bewusst geworden, welche klangliche Möglichkeiten der Klarinettenchor bietet, sondern auch das Publikum schätzt mittlerweile immer mehr diese einzigartige Besetzungsform, von der heute üblichen Es-Klarinette bis zur Kontrabassklarinette.

Bei meinen internationalen Vorträgen in Europa, USA, Südamerika und Südafrika musste ich feststellen, dass das Interesse für dieses Genre zwar groß ist, es aber kaum verfügbare Literatur dafür gibt. So war es daher sehr naheliegend, mein Buch über den Klarinettenchor von 2005 auch in englischer und spanischer Sprache übersetzen zu lassen und darüber hinaus neuere Erkenntnisse und Forschungen rund um den Klarinettenchor nachzutragen.

Mögen sich viele an meiner Neuausgabe erfreuen und es so zu weiteren Gründungen von Klarinettenchören kommen.

Friedrich Pfatschbacher   Kärnten, im September 2017

Einleitung

Erst im letzten Drittel des 18. Jahrhunderts eroberte die Klarinette ihren festen Platz in der Reihe der Orchesterinstrumente. Noch nach ihrer Einführung wurden Klarinetten-Parts vielfach von den Oboisten übernommen. Aber schon sehr bald hatte das neue Instrument seinen Platz und Bläser gefunden, die das Klarinettenspiel zur Vollendung brachten. Schnell erkannte man die Vorzüge und klanglichen Eigenheiten der Klarinette. Auf dem Gebiet der Militärmusik wird die Oboe von der Klarinette verdrängt. So hatte das Pariser Konservatorium bei der Gründung 1795 zwölf Klarinettenlehrer verpflichtet, die zusammen 104 Schüler unterrichteten. Der Großteil der hier und an anderen Orten ausgebildeten Musikern fand in der Militärmusik ein Unterkommen. Einzelne Kapellen hatten bis zu 20 Klarinettisten. Nach einer englischen Statistik sollen zeitweise 55.000 Klarinettisten in den europäischen Heeren tätig gewesen sein.[1]

In dem Zeitabschnitt von 1770 bis 1830 eroberte sich die Klarinette durch die Verwendung als Solisten- und Virtuoseninstrument ihre Vormachtstellung. Ab dem Zeitraum um 1830 ist sie dann hauptsächlich im Orchester zu finden. Sie war zu einem den anderen gleichberechtigten Instrument aufgestiegen. Diese Emanzipation konnte sich erst abzeichnen, als man nach der allzu einseitigen trompetenhaften Verwendung der

---

[1] Oskar Kroll, Die Klarinette (Reprint der Ausgabe von 1965), Kassel u. a. 1993, S. 45 – 46; vgl. dazu David Whitwell, Band Music of the French Revolution, Tutzing 1979 (Alta Musica Bd. 5).

Klarinette die vielen Vorzüge und klanglichen Möglichkeiten aus-
schöpfte.

Wenn von Klarinetten-Chor-Werken gesprochen oder geschrieben wird,
ist noch weithin die Meinung festzustellen, dass die Anzahl der Kompositionen gering sei. Ein solches Urteil mag verständlich erscheinen; denn
einerseits lässt die umfangreiche Literatur für Klarinetten-Quartett (3 B-
Klarinetten und Bass-Klarinette) und -Quintett (3 B-Klarinetten, Alt-
Klarinette und Bassklarinette) den Klarinetten-Chor leicht in den Hintergrund treten, andererseits entfaltete er sich erst seit den zwanziger Jahren
des 20. Jahrhunderts in den USA, und die spezifische Literatur liegt auch
dort vor.

Erst seit den 1980er Jahren ist eine Zunahme an Neukompositionen -
auch in Europa - zu beobachten.

Für das Studium der Quellen verdient vor allem die Bibliothek des „International Clarinet Association Research Center"[2] (ICA) in Maryland in
den USA besondere Erwähnung. Diese Bibliothek war mir ein unent-
behrlicher Helfer.

Eine wahre Fundgrube für Originalkompositionen und Bearbeitungen ist
die von Norman Heim herausgegebene Zeitschrift „Clarinet Choir –
News International." Diese Fachzeitschrift (von der nur sieben Ausgaben
erschienen sind[3]) ist eine wichtige Quelle, nicht zuletzt wegen ihres zeitgenössischen Gehalts.

---

[2] Performing Arts Library, 2511 Clarice Smith Performing Arts Center, University of Maryland, College Park, MD 20742-1630 USA.

[3] lt. Auskunft des Autors.

Von besonderer Bedeutung sind zudem die vielen Aufsätze, die vorwiegend in der Zeitschrift „The Instrumentalist" erschienen sind.

Auch das Simeon Bellison Archiv in der „Jerusalem Rubin Academy of Music and Dance"[4] verdient für das Studium der Quellen besondere Beachtung, war doch Bellison einer der Pioniere, die sich mit dem Klarinetten-Chor auseinander setzten. Darüber hinaus leitete er von 1927 bis 1938 das „Simeon Bellison Clarinet Ensemble", das vor 1940 das ambitionierteste und wichtigste Klarinetten-Ensemble in den USA war. Bellison arrangierte und komponierte alle Werke für seinen „Chor" selbst. Dieses „Bellison Archiv" in Jerusalem ist dermaßen aufschlussreich, dass ich sämtliche Konzertprogramme, die sich haben finden lassen, in meiner Dissertation beigegeben habe.

Zur besseren Lesbarkeit werden in diesem Buch personenbezogene Bezeichnungen, die sich auf Frauen oder Männer gleichermaßen beziehen, generell nur in der im Deutschen üblichen männlichen Form angeführt. Dies soll jedoch keinesfalls eine Geschlechterdiskriminierung oder eine Verletzung des Gleichheitsgrundsatzes zum Ausdruck bringen.

---

[4] vgl. dazu Claude Abravanel (Hg.), The Simeon Bellison Archives. At The Jerusalem Of Music And Dance (A catalogue), Jerusalem 1993.

1 Der Klarinetten-Chor

1.1 Die Entwicklung des Klarinetten-Chors

Wenn hier vom Klarinetten-Chor die Rede ist, so muss man den engen Zusammenhang mit den großen Klarinettenregistern in den Militär- und Berufsorchestern in Europa sowie den College und High School Bands in den Vereinigten Staaten sehen. Kompositionen für Klarinetten-Chor sind nur in einem engen Kontext mit dem Wissen um die Geschichte und dem derzeitigen Status des Klarinetten-Chors zu verstehen.

„Als sich die im barocken Orchester vorzüglich die ‚Harmonie' ausfüllenden Bläser zu einem eigenen Ensemble zusammenschlossen, entstand in der Zeit des Übergangs vom Barock in die Wiener Klassik die ‚Harmoniemusik'. Der Wiener Kaiserhof legte unter Maria Theresia den Prunk des Spanischen Hofzeremoniells ab. An die Stelle der Hofkapelle trat unter Joseph den II. die ‚Kaiserliche Kammerharmonie': Ein Bläserensemble von je 2 Oboen, Hörnern, und Fagotten, später um 2 Klarinetten erweitert, und diese Gruppe sollte in den beiden letzten Jahrzehnten des 18. Jahrhunderts zum modischen Repräsentations- und Vergnügungsensemble des mitteleuropäischen Adels werden, gekennzeichnet sowohl durch eigene wie durch Bearbeitungs-Literatur."[5]

---

[5] Wolfgang Suppan, Bläser-Ensembles in Europa vom 15. bis in das 19. Jahrhundert, in: Das Neue Lexikon des Blasmusikwesens, 4. Auflage, Freiburg-Tiengen 1994, S. 19; ders., Die „Harmoniemusik", in: Werk und Wirkung. Musikwissenschaft als Menschen- und Kulturgüterforschung, hg. von W. Suppan, Bd. 15, Teil 1, Tutzing 2000, S. 241ff.

Ansätze für die Entwicklung finden sich in der klassischen Harmonie-musik der 2. Hälfte des 18. Jahrhunderts. Als Beispiel möchte ich an dieser Stelle Mozarts B-Dur-Serenade, KV 370a (alt 361 "gran Partitta") anführen. Dieses Werk wurde 1781/82 (?) komponiert, geschrieben für 13 Instrumente (nicht 13 Blasinstrumente, wie immer noch häufig zu lesen ist), nämlich zwei Oboen, zwei Klarinetten, zwei Bassetthörner, zwei Fagotte, vier Hörner und ein Kontrabass (Sätze: Largo – Molto Allegro, Menuetto, Adagio, Menuetto, Romanze, Thema und Variationen, Finale). Mozarts Schaffen für Bläsermusik hat hier zweifellos seinen Höhepunkt erreicht.

In unmittelbarem Zusammenhang mit der französischen Revolution entstand aus einer Verknüpfung von militärischen Feldmusiken mit Harmonie- und Türkischer Musik das konzertante Blasorchester. Es war gekennzeichnet durch variable, chorische Besetzung der Holz- und Blechblasregister plus einer Perkussionsgruppe.[6]

„Die Besetzung des von Bernard Sarrette geleiteten Blasorchesters der Garde Nationale sollte zum Modell des künftigen militärischen und zivilen Blasorchestertyps werden. Mit den Mitgliedern seines Orchesters begründete Sarrette 1792 eine Musikschule, die im folgenden Jahr als Institut National de Musique benannt und 1795 zum 'Conservatoire' erhoben wurde. Damit war zugleich der neue Typ der 'demokratischen' Musikschule sowie – mit den Unterrichtswerken der Lehrer, die für die

---

[6] vgl. Wolfgang Suppan, Bläser-Ensembles in Europa vom 15. bis in das 19. Jahrhundert, a. a. O., S. 20.

Zukunft bestimmende Didaktik des Unterrichtens anhand von so genannten Vokal- und Instrumental-'Schulen' (auch 'zum Selbststudium geeig-
net') geschaffen worden."[7]

„The close relationship which the leading composers and artists had
established with the politicians made possible at this time the re-organi-
zation of the Institute into a more disciplined and permanent institution
under the name known today; the Conservatory of Music."[8]

In Deutschland setzte der königlich preußische Gardemusikdirektor,
Wilhelm Wieprecht, wichtige Impulse im Bereich der Militärmusik.
Wieprecht und der österreichische Armee-Kapellmeister Andreas Leon-
hard regten den Bau von Ventilblasinstrumenten des Tenor-/Bariton- und
Bassbereiches (Tuba und Helikon) in den dreißiger Jahren des 19. Jahrhunderts an.[9] In der ersten Hälfte des 19. Jahrhunderts organisierte Wieprecht auch das erste Orchestertreffen. Als 1867 ein großer Militärmu-
sikwettstreit in Paris stattfand, nahmen Orchester aus Frankreich (zwei
Orchester), Österreich, Preußen, Belgien, Spanien, Russland, Holland,
Baden und Bayern teil. In allen Orchestern war das Holzblasregister do-
minierend. Wieprechts Orchester zählte damals 85 Mitglieder. Von den
43 Holzbläsern waren die Hälfte Klarinettisten mit folgender Besetzung:
1 As-Klarinette, 4 Es- oder F-Klarinetten, 16 B-Klarinetten (8 erste und
8 zweite).[10]

---

[7] Ebda, S. 20–21.

[8] vgl. David Whitwell, Band Music of the French Revolution, a. a. O., S. 89–90.

[9] vgl. Wolfgang Suppan, a. a. O., S. 22.

[10] K. E . Nowak, A Survey & Analysis of selected Clarinet Choir Literature for
Use at the High School Level, A Thesis, Faculty of California State University,
Fullerton 1979, S. 22.

Tabelle 1: Besetzungsliste der Miltiärkapellen

Instrumentalbesetzung der Musikkorps	Preußen	Baden	Bayern	Österreich	Spanien	Niederlande	Belgien	Russland	Garde de Paris	Guides
Kleine Flöte	2	1	1	1	1	1	1	1	1	2
Große Flöte	2	2	2	2	2	-	1	1	2	2
Oboe	3	-	-	-	2	2	2	2	2	3
Englischhorn	1	-	-	-	-	-	-	1	-	-
Kleine Klarinette As	1	-	-	2	1	-	-	-	-	-
Kleine Klarinette Es	4	2	4	4	2	2	2	2	4	3
Große Klarinette B	16	15	10	12	13	10	16	15	8	12
Altklarinette (Bassetthorn)	-	-	-	-	-	-	-	1	-	-
Bassklarinette	-	-	1	2	-	-	-	1	-	-
Sopransaxophon	-	-	-	-	-	1	1	1	2	1
Altsaxophon	-	-	-	-	-	1	1	2	2	2
Tenorsaxophon	-	-	-	-	-	1	1	2	2	1
Baritonsaxophon	-	-	-	-	-	1	1	3	2	1
Basssaxophon	-	-	-	-	-	-	-	-	-	1
Fagott	6	2	1	2	3	2	4	2	-	-
Kontrafagott	4	-	-	-	2	-	-	1	-	-
Cornet	4	1	3	2	2	2	2	2	4	4
Trompete	8	5	8	12	6	4	4	8	3	3
Waldhorn	4	3	5	6	4	4	5	8	2	3
Posaune	8	4	3	6	6	3	4	6	5	5
Petit bugle	-	3	-	-	1	-	-	-	1	1
Bugle	-	3	3	6	2	1	2	-	2	2
Saxhorn alto	4	1	2	3	2	2	1	-	3	2
Saxhorn baryton	6	3	1	3	2	2	-	2	2	2
Saxhorn basse	6	1	-	8	1	2	4	-	5	6
Saxhorn contrebasse mi_b	-	2	3	-	2	1	2	3	2	3
Saxhorn contrebasse si_b	-	3	-	-	2	1	3	3	2	2
Streichbass	-	-	-	-	-	3	-	-	-	-
Schlagzeug	6	3	4	5	3	5	2	3	4	1
Insgesamt	**85**	**54**	**51**	**76**	**59**	**51**	**59**	**70**	**60**	**62**

Das Fehlen der Alt- und Bassklarinetten ist hier auffallend.

In einem englischen Orchester finden wir im ausgehenden 19. Jahrhundert schon eine sehr frühe Verwendung von tieferen Klarinetten als die B-Klarinette. Ein Absolvent der „Royal Military School of Music" at Kneller Hall, Sir Daniel Godfrey, besetzte von seinen 57 Orchestermusikern, 20 mit Klarinetten. Das Klarinettenregister bestand aus 4 Es-Klarinetten, 14 B-Klarinetten, 1 Es-Alt-Klarinette und 1 Bassklarinette.[11]

Von einer Standard-Orchesterbesetzung im 19. Jahrhundert zu sprechen, lässt die Quellenlage aber nicht zu:

„Band instrumentation in the nineteenth century was in a state of flux. The size of the bands depended on many variable factors, including official regulations, the depth of the officers` or noblemen's purses, availability of musicians, current fashion, and governmental funding. Bandmaster, especially in the amateur groups, had great freedom and were expected to make arrangements for their own instrumentation."[12]

Dass man auch in den frühen 1920er Jahren noch nicht von einer Standardbesetzung sprechen kann, zeigt uns die Besetzungsliste der „Kneller Hall Band" unter John Arthur Coghill Sommerville (1872–1955):[13] Auch hier sind keine tiefen Klarinetten besetzt:

---

[11] K. E. Nowak, a. a. O., S. 22–23.

[12] Raoul F. Camus, Some Nineteenth-Century Band Journals, in: Festschrift zum 60. Geburtstag von Wolfgang Suppan, Tutzing 1993, S. 336.

[13] Cipolla, F. J., Hunsberger, D., (Hg.), The Wind Ensemble and its Repertoire. Essays on the Fortieth Anniversary of the Eastman Wind Ensemble, New York 1994, S. 117.

Tabelle 2: Besetzungsliste der Kneller Hall Band

Flutes and Piccolos	10	2nd Horns	6
Oboes	6	3rd Horns	5
E-Flat Clarinets	7	4th Horns	4
Solo B-flat Clarinets	13	1st B-Flat Cornets	14
Ripieno Clarinets	7	2nd B-Flat Cornets	10
2nd B-Flat Clarinets	12	1st Trombones	7
3rd B-Flat Clarinets	10	2nd Trombones	6
E-flat Alto Saxophones	4	Bass Trombones	1
B-Flat Tenor Saxophones	4	Euphoniums	12
1st Bassoons	7	Basses	12
2nd Bassoons	5	Tympani	2
1st Horns	6	**Total**	**165**

In dieser Besetzung wurde auch 1922 die „Second Suite" von Gustave Holst aufgeführt:

„This was the size of the Kneller Hall Band that gave the premiere performance of Holst's Second Suite in F for Military Band, Op. 28, No. 2, at Albert Hall on 30 June 1922."[14]

Das Fehlen der Alt- und Bassklarinette übertrug hier den Saxophonen mehr Verantwortung:

---

[14] Ebda, S. 117.

„Alto and bass clarinets were eliminated from standard instrumentation as was the B-flat baritone horn. This added a greater amount of responsibility to the saxophones, which were then relative newcomers to the military band."[15]

In den USA waren im frühen 19. Jahrhundert in der Regel nur Blechblasinstrumente in den Orchestern besetzt. Ab 1830 wurden allmählich Es-Sopran- und B-Sopran-Klarinetten hinzugenommen. Eine Standardbesetzung mit einer genauen Anzahl an jeder Klarinetten-Stimme hat sich aber noch nicht durchgesetzt, doch wurden die Klarinetten-Stimmen immer wichtiger.[16] Eines der ersten Orchester, das die Klarinetten unabhängig verwendete, war die United States Marine Band. Dieses Orchester war im Jahr 1856 mit 2 Es-Sopran- und 4 verschiedene B-Sopran-Stimmen besetzt.

„The expanded use of the soprano clarinets and the introduction and development of the complete clarinet family in the American concert band can be said to begin at approximately the middle of the nineteenth century."[17]

Mitte des 19. Jahrhunderts wurde also die B-Klarinette ins amerikanische Orchester aufgenommen. Fast zur gleichen Zeit erschien auch die Bassklarinette in den amerikanischen Konzertkapellen. Dies erscheint aufgrund der Quellenlage relativ spät, da schon in der Zeit von 1799 bis

---

[15] Ebda, S. 116.

[16] George D. Stirrat, The Development and use of the Clarinet Choir in the American Concert Band, unpublished Ed. D. dissertation, Columbia University, New York 1968, S. 42.

[17] Ebda., S. 43.

1814 fünf Bassklarinetten in Hartford, Connecticut, entstanden sein müssten und 22 Exemplare um 1815 in amerikanischen Werkstätten gebaut wurden.[18] Dies zeigt uns aber wiederum, dass bis in die Mitte des 19. Jahrhunderts hinein die Brass-Instrumente in den amerikanischen Konzertkapellen eine dominierende Rolle spielten.

Die erste Erwähnung einer Bassklarinette in Europa findet sich in der Pariser Zeitung „L´avant coureur", Ausgabe vom 11. Mai 1772. Der Rezensent beschreibt darin zusammenfassend das Instrument des Blasinstrumentenbauers Gilles Lot, genannt „basse-tube", folgendermaßen:

"This instrument, in the hands of a skilful artist cannot fail to produce a beautiful effect and should win the approval of the public whether it be heard alone or in the orchestra."[19]

In diesem Zusammenhang ist auch ein amerikanischer Instrumentenhändler namens Harvey Dodworth zu erwähnen. Er importierte Klarinetten aus Europa und sorgte so für das bekannt werden der Bassklarinette in den amerikanischen „concert bands":

„The bass clarinet was the first of the lower clarinets to appear in an American concert band. Credit for the introduction of the bass clarinet has been assigned to Harvey Dodworth."[20]

---

[18] Johan van Kalker, Die Geschichte der Klarinetten, Oberems 1997, S. 121.

[19] Zitiert nach David L. Kalinka, The structural development of the bass clarinet, Ed. D. dissertation, Columbia University, 1972, University Microfilms, Ann Arbor, Mich., S. 14.

[20] George D. Stirrat, a. a. O., S. 43.

Wirkliche Geltung als eigenes Register bekam die Klarinettenfamilie aber erst unter Patrick S. Gilmore.[21] Er kann als „Vater" des modernen amerikanischen sinfonischen Blasorchesters angesehen werden. Gilmores Band, die 22. Regimentskapelle von New York, galt als die beste im Land und regte in ganz Amerika die Kapellen an, die Holzblasinstrumente ins Orchester einzuführen.[22] Gilmore war auch der erste Orchesterleiter, der die Alt-Klarinette bekannt machte und einen dominanten Holzbläsersound verwendete.

„ [...] Gilmore was the first American bandmaster to use the alto clarinet in his band. No mention of the existence of this instrument in any band can be found prior to Gilmore. By 1878, the clarinet section in Gilmore's Band consisted of one A-flat soprano clarinets, three E-flat soprano clarinets, sixteen B-flat soprano clarinets, plus one alto and one bass clarinet."[23]

Die Größe seines Orchesters variierte jedoch. 1890 hatte das Orchester zweiundvierzig Mitglieder und das Klarinetten-Register zählte elf Musiker: 1 As-Klarinette, 2 Es-Klarinetten, 7 B-Klarinetten und 1 Bass-Klarinette. Aber schon 2 Jahre später zählte sein letztes Orchester 100 Musiker. Davon waren 38 Klarinettisten: 1 As-Sopran-, 2 Es-Sopran-, 30 B-Sopran-Klarinetten, 2 Alt- und 2 Bassklarinetten.[24]

---

[21] Ebda., S. 43.

[22] vgl. Raoul F. Camus, Die Blaskapellen in Amerika von 1756-1918, in: Arbeitsberichte- Mitteilungen der Pannonischen Forschungsstelle Oberschützen Nr. 6 (Juli 1995), S.47–63; vgl. auch ders., Das Goldene Zeitalter. Blasmusik in Amerika von 1714 bis 1918, in: Clarino Bläsermusik, 12. Jg., 7-8/2001, S. 4-8.

[23] George D. Stirrat, a. a. O., S. 44.

[24] Ebda., S. 44-45.

Mit dem Tode von Patrick Gilmore im Jahre 1892 knüpfte ein anderer Orchesterleiter an diese Tradition an, nämlich John Philip Sousa. Er übernahm 1880 die Leitung der United States Marine Band und hob diese auf eine professionelle Stufe. Sousa gründete 1892 seine eigene Kapelle. Anfangs zählte sein Orchester 49 Musiker mit folgendem Klarinettenregister: 2 Es-Sopran-, 14 B-Sopran-Klarinetten, 1 Alt- und 1 Bassklarinette. Er vermehrte nach und nach die Instrumente, und seine größte Besetzung war im Jahr 1924 mit 75 Musikern. Die Klarinettenbesetzung war folgendermaßen:

1 Es-Sopran-, 1 Es-Alt-Klarinette, 20 B-Klarinetten und 2 Bassklarinetten. John Philip Sousa sah die Klarinetten als wichtigstes Instrument im Holzblasregister, was auch seine oben stehende Anzahl an Klarinettisten in seinem Orchester deutlich zu erkennen gibt. Sousas Orchester beeinflusste nicht nur andere professionelle Bands und Militärorchester, sondern auch University School Bands. In Folge etablierten sich nach und nach in den Universitäten Klarinetten-Chöre. Das erste führende Orchester auf Universitäts-Level war das der University of Illinois unter der Leitung von Albert Austin Harding. Es war unter anderem das erste University School Orchester, das die Alt- und Bassklarinette verwendete. 1906 wurde die Alt-Klarinette eingeführt und ein Jahr später die Bassklarinette. Erst 23 Jahre später, also 1930, erscheint zum ersten Mal die Kontra-Bassklarinette im Instrumentarium der University-band of Illinois. Dies ist das erste Auftreten einer Kontra-Bassklarinette in einem amerikanischen Orchester.[25]

---

[25] Ebda., S. 46-48; vgl. auch Raoul F. Camus, a. a. O., S. 4-8.

Mit diesem Datum deckt sich auch die Anmerkung in Sachs Handbuch der Musikinstrumente, wo er schreibt, „Neuerdings (1930!) wird der Klarinetten-Kontrabass auch von W. Heckel in Biebrich, von Kohl in New York und von Evette & Schaeffer in Paris gebaut ...“[26]

In späterer Folge war das Orchester der University of Illinois Vorbild für viele andere College und High School Bands in Amerika.

Tabelle 3: Besetzungsentwicklung in der Illinois Band

Significant changes in the Development of the clarinet choir in the University of Illinois Band under Albert Austin Harding													
Instrument	1905	1906	1907	1910	1916	1918	1919	1926	1929	1930	1932	1934	1935	1948
E-flat Clarinet	2		1	1	2	1	1	1	2	1	1	1		
B-Flat Clarinet	12	10	11	17	22	15	19	28	31	30	25	26	28	29
Alto Clarinet		1	1	1		1	2	4	4	4	5	3	5	4
Bass Clarinet			1	1	1	2	2	4	5	4	3	4	4	
Contrabass Clarinet										1	2	3	3	3
Per cent of Clarinets to Total Woodwinds	66	61	64	65	66	60	55	56	54	53	62	65	61	54
Per cent of Clarinets to Winds and Brass	31	26	35	38	34	32	30	35	34	35	38	36	39	34

„Other school and college bands included the low clarinets in their instrumentation by 1920. The original instrumentation of the Cass Technical High School Band of Detroit, listed, in 1919, one bass clarinet. In 1920, the band of the University of Wisconsin introduced two alto and two bass clarinets to its instrumentation. An equal number of alto and

---

[26] Curt Sachs, Handbuch der Musikinstrumente, Berlin 1919, 2/1929. Nachdruck Leipzig 1930, S. 345.

bass clarinets were introduced into the band of North-western University in 1926."[27]

Die Idee, die Klarinettenfamilie als unabhängiges Ensemble zu verwenden und dafür zu komponieren bzw. zu arrangieren, hat aber ihre Wurzeln in Europa:

„Professor Gustave Poncelet, der Klarinettenlehrer des Brüsseler Konservatoriums, hatte gegen Ende des vorigen Jahrhunderts [gemeint ist das 19. Jahrhundert; Anm. des Autors] sogar ein Orchester zusammengestellt, das aus *zwei Es-Klarinetten, fünf 1., vier 2. und vier 3. B-Klarinetten, vier Bassetthörnern sowie acht B-Klarinetten zu deren Verstärkung und sechs Bassklarinetten, einem Kontrabassetthorn und einer Kontra-Bassklarinette bestand.*"[28]

Auch geht aus einem Bericht von Richard Strauss aus dem Jahre 1896 hervor, dass Professor Gustave Poncelet[29] ihm die g-moll Symphonie von Mozart mit 22 Klarinetten vorführte.

---

[27] Ebda, S. 49.

[28] vgl. Oskar Kroll, a. a. O., S. 60, Note 2.

[29] Strauss nennt diesen Namen selbst nicht; er ist jedoch in der französischen Ausgabe der Ergänzungen von Strauss zur Berliozschen Instrumentationslehre von dem Übersetzer Ernest Closson genannt; vgl. auch Richard Strauss, Le traité d´orchestration d´ Hector Berlioz. Commentaires et adjonctions coordonnés et traduits par Ernest Closson, Leipzig 1909.

Strauss notierte später in seiner Überarbeitung der Instrumentationslehre von Berlioz, dass ihm die Idee, die Klarinettenfamilie als eigenständiges Orchester zu verwenden, sehr gut gefiele:[30]

„L´idée d´une semblable combinaison me fut suggérée pour la première fois dans une séance du Conservatoire de Bruxelles òu un des professeurs, M. G. Poncelet, me fit entendre la Symphonie en sol mineur de Mozart arrangée pur vingt-deux clarinettes, a savoir:

Tabelle 4: Besetzung Klarinettenorchester Gustave Pocelet

1 clarinette en la b	2 clarinettes en mi b
12 clarinettes en si b	4 cors de basset
2 clarinettes basses	1 clarinette contrebasse"[31]

---

[30] Ob Richard Strauss von Poncelets Ensemble wirklich so beeindruckt war, ist zweifelhaft, da er sich erst 1905, also 9 Jahre später als die erste Ausgabe seiner Überarbeitung der Instrumentationslehre von Hector Berlioz erschien, daran erinnerte.

[31] Richard Strauss, a. a. O., S. 43.

1.2 Frühe Klarinetten-Ensembles in den USA

Mit dem Hervortreten der tieferen Klarinetten in den college und high school bands in den 1920er Jahren beginnt in den USA die Klarinetten-Chor Bewegung.[32] Dabei ist folgender Bericht von John Morgan über einen sehr begabten Studenten von Gustave Poncelet, namens Joseph Schreurs (1863-1941), sehr aufschlussreich:

Warmelin Clarinet Ensemble

In der Zeit, als Schreurs 1. Klarinettist im „Thomas Orchestra" in Chicago war, nahm auch der damalige 1. Klarinettist des „Minneapolis Symphonie Orchestras", Clarence Warmelin, bei Schreurs Unterricht. Dabei erfuhr er auch über Poncelets Klarinetten-Ensemble und begann sich dafür zu interessieren. Sein erstes Klarinetten-Ensemble formte Warmelin noch während er in Minneapolis unterrichtete. Als Warmelin nach Chicago ging, gründete er ebendort ein Ensemble mit Studenten und Berufsmusikern. Dieses „Warmelin Ensemble" bestand von 1933 bis 1938, vielleicht auch noch einige Jahre länger. Warmelin verwendete in seinem Ensemble, neben der Klarinettenfamilie, fast alle Instrumente des Orchesters, je nach Arrangement.

Seine häufigste Besetzung war: *zwölf 1. B-Klarinetten, zwanzig 2. und 3. B-Klarinetten, (wenn nötig besetzte er auch die 4. Klarinette in B), Alt-Klarinetten und Bassklarinetten.*

---

[32] Es ist aber nicht genau festzustellen, welche Ensembles definitv die ersten waren, da anzunehmen ist, dass zahlreiche Klarinettenlehrer Gruppen organisierten und damit experimentierten. Die Beweislage lässt aber keinen vernünftigen Grund zu, dass vor den 1920er Jahren Klarinetten-Ensembles bestanden.

Wenn vorgeschrieben, besetzte er auch die Es-Klarinette, Flöte, Oboe, Fagott, Trompete, Horn, Posaune, Tuba und Schlaginstrumente. Die zweistündigen Proben fanden sonntagmorgens statt. Neben seinen eigenen Arrangements, die er speziell für sein Ensemble schrieb, wurden auch Bearbeitungen aus dem Bereich der Blasmusik gespielt. Bemerkenswert ist, dass Warmelin den ganzen finanziellen Aufwand selbst trug. Man könnte dieses Klarinetten-Ensemble auch als Experimentier-Ensemble bezeichnen, da auch keine öffentlichen Auftritte stattfanden oder beabsichtigt waren. Warmelin gab quasi den Studenten die Möglichkeit, mit professionellen Musikern aus Chicago gemeinsam zu experimentieren und Erfahrungen auszutauschen. Gelegentlich kamen auch Gastdirigenten, um mit dem Ensemble zu arbeiten. Dabei nützten sie die Gelegenheit, Musiker für diverse Jobs, wie beispielsweise Rundfunkaufnahmen bei der „Chicago radio-station", zu engagieren. Oder sie benötigten kleinere Ensembles für einen „Lunch" oder diverse Clubs etc. Aus diesem „Warmelin Ensemble" ging später das in den USA sehr berühmt gewordene „Warmelin Quartett" hervor. Dieses Ensemble wurde nicht zuletzt durch seine vielen Auftritte in ganz Amerika, Rundfunk- und Schallplattenaufnahmen berühmt.[33]

---

[33] John Morgan, The History of the Clarinet Choir, in: Woodwind Anthology. A compendium of Woodwind Articles from "The Instrumentalist", [o. Hg.], Vol. 2, Northfield, Ill. 1986, S. 767–769; vgl. dazu auch John Black Morgan, The Clarinet Choir, unpublished Master´s thesis, University of Michigan, 1962, S. 22–24.

Simeon Bellison Clarinet Ensemble

Das wohl bekannteste und auch erfolgreichste Klarinettenensemble gründete 1927 Simeon Bellison, der von 1921-1948 1. Klarinettist bei den N.Y. Philharmonikern war. Das „Simeon Bellison Clarinet Ensemble" war vor 1940 das ambitioniertest und bedeutendste und bis heute wohl einzigartigste Klarinetten-Ensemble. Da Bellison die Ära des Klarinetten-Chors vor dem 2. Weltkrieg einleitete, möchte ich hier näher auf ihn eingehen:

Simeon Bellison wurde in Moskau am 4. September 1881 geboren. Mit zwölf Jahren trat er in die Regimentsband der Provinzstadt von Smolensk unter der Leitung seines Vaters ein. Der damalige Leiter des Moskauer Konservatoriums, Wassily Safonoff, ermöglichte ihm ebendort ein Studium bei Prof. Joseph Friedrich. 1903 schloss er seine Studien am Moskauer Konservatorium mit höchsten Auszeichnungen ab. Neben seinem Klarinettenstudium belegte er auch spezielle Kurse für Orchestration bei dem Komponisten Ippolitow-Iwanoff. Nachdem Bellison seine Studien abgeschlossen hatte, spielte er in den darauf folgenden neun Jahren als 1. Klarinettist im Moskauer Opernhaus (The Art Theatre). Von 1915 bis 1918 war er Mitglied des „Imperial Opera House at Petrograd". Der Krieg, der Hunger und die sich ausbreitende Revolution veranlassten ihn Russland zu verlassen. Bellison schreibt über seinen weiteren Werdegang:

"[...] Once more I organized a chamber music ensemble (strings, piano and clarinet) under the name "Zimro" (meaning singer) and we started out into the world giving concerts everywhere and thus making our way from city to city and from country to country. We crossed Siberia, visited China, Japan, Dutch East Indies, the Philippines, Canada, and finally reached America. In the course of our three-year journey we gave over 200 concerts and in the majority of them, I appeared as soloist."[34]

1920 emigrierte Bellison nach New York und schon ein Jahr später trat er die Stelle als 1. Klarinettist im "New York Philharmonic Orchestra" an, die er bis 1948 ausübte. Bellison spielte als Solist mit den besten Orchestern und Kammermusikensembles, er gab Privatunterricht und unterrichtete in verschiedene Institutionen. Er gründete mehrere Kammermusikensembles, wobei das oben erwähnte „Clarinet Ensemble" Berühmtheit erlangte. Dieses Ensemble spielte auf einem sehr professionellen Level und war für die damalige Zeit und ist bis heute eine absolute Novität.[35] Zur Geschichte des „Simeon Bellison Clarinet Ensembles" ist Folgendes festzuhalten:

Bellison begann zuerst mit einem Doppelquartett zu proben (4 B-Klarinetten, 2 Bassetthörner und 2 Bassklarinetten). In den darauf folgenden zwei Jahren wuchs dieses Ensemble zu einem Orchester mit 75 Mitgliedern (Pamela Weston berichtet, dass auch einige Frauen mitwirkten).[36] Bellison arrangierte bzw. komponierte alle Stücke, die aufgeführt wurden, selbst. Dieses Ensemble gab viele Konzerte in der „Town Hall" und in der „Carnegie Hall" in New York (Die Konzertprogramme sind heute in der „Rubin Academy of Music and Dance" in Jerusalem einzusehen).

---

[34] Simeon Bellison, unpublizierter Artikel - möglicherweise für das New York Philharmonic Orchestra, in: The Simeon Bellison Archives at the Jerusalem Rubin Academy of Music and Dance, A Catalogue, hg. von Claude Abravanel, Israel 1993, S. 5.

[35] Ebda. S. 5.

[36] vgl. P. Weston, More Clarinet Virtuosi of the past, Suffolk, England 1992, S. 47.

Die letzte Aufführung dieses Ensembles fand in der Town Hall in New York am 27. April 1938 statt. Das Ensemble von Bellison spielte mit folgender Besetzung: Sopran Klarinetten in As, Es- und B- Klarinetten und ebenso Bassetthörner, Alt-Klarinetten und Kontra-Bassklarinetten. Zudem nahm Bellison Blech- und Schlaginstrumente sowie Harfe und Harmonium dazu.[37]

Von Bellison ist auch ein unveröffentlichter Artikel im Jahre 1935 erschienen. Dieser gibt uns über die Entstehung seines Klarinetten-Ensembles genauestens Auskunft:

„In 1926 four pupils of Mr. Bellison´s class played a clarinet quartet by Crosse. The musical success of this unusual combination inspired Mr. Bellison to organize an ensemble which could include the entire clarinet family, from the A flat piccolo to the contrabass clarinet. There were, however, many insurmountable difficulties. For example, some of the instruments, such as the A flat piccolo, bassethorn and contrabass clarinet could not be gotten in America. Also there is no printed literature for a purely clarinet group. Thirdly, the expense was so great that it almost caused the abandonment of the idea entirely.

In 1927, The New York Symphonie Orchestra merged with the Philharmonic. The later organization continued the scholarships given to talented students of the New York schools. The Committee on Ensemble Musical Training and Scholarships of the Philharmonic Symphony Society of New York invited Mr. Bellison to accept a class of six pupils. As an experienced clarinettist, he knew that individual practise would not

---

[37] vgl. P. Weston, a. a. O., S. 47.

make a finished orchestra player, that ensemble playing was necessary. There again the idea of a clarinet ensemble forcefully presented itself.

[…] Mr. Bellison now presented his idea to the Committee on Ensemble Training. They were interested enough to furnish him with the necessary funds to procure instruments for a beginning.

By the end of 1928, the ensemble of sixteen players had already given two recitals.

In the following year the Committee provided Mr. Bellison with additional funds with the result that remainder of the necessary instruments were purchases in France.

To the ensemble was now added a harp, timpani, trumpet and concertina, also from the scholarships students. This added colour made in a very original unit, which now numbered thirty players. Appearances now began at private and public concerts, which attracted the attention of both public and press.

The artistic playing of the ensemble began to draw clarinettists and other instrumentalists to seek to join the ensemble with the result that it now numbers fifty-seven players."[38]

Aus einem Konzertprogramm der Saison 1937/38 geht hervor, dass sein Ensemble 68 Mitglieder hatte und folgendermaßen besetzt war:[39]

---

[38] Simeon Bellison, unpublizierter Artikel über die Entstehung des „Belllison Clarinet Ensemble", in: The Simeon Bellison Archives at the Jerusalem Rubin Academy of Music and Dance, A Catalogue, hg. von Cl. Abravanel, Israel 1993, S. 6–7.

[39] Ebda, S. 7.

Tabelle 5 : Besetzungsliste Bellison Clarinet Ensemble 1937/38

Piccolo clarinet in A flat	1		Trumpets	4
Sopranino clarinet in E flat	1		Harps	3
1st Clarinets in B flat	10		Timpani	2
2nd Clarinets in in B flat	8		Concertina	1
3rd Clarinets in B flat	6		Percussion	2
Clarini (4th Clarinets) in B flat	11		Xylophon	1
Bassett horns	4		Guitar	1
Alto clarinets	2		Piano	2
Bass clarinets	6		Celesta	1
Contrabass clarinets	2		Harpsichord	1

Im Wesentlichen war das Ensemble bis zu seiner Auflösung im Jahre 1938 gleich besetzt.

Abbildung 1: Bellison Clarinet Ensemble[40]

The Bellison Clarinet Ensemble, 1936. Kalman Bloch leading, with David Weber on his left, Leon Russianoff behind Weber. *(Kalman Bloch, Los Angeles).*

Die New York Times schrieb zu dem am 21. März 1937 in der Town Hall stattgefundenen Jubiläumskonzert folgenden Artikel:

„The character of sound produced by the ensemble was unique and had a decided charm and appeal, the preponderance of woodwind tone giving it quite an eighteenth century tang. Under Mr. Bellison´s able baton, the young musicians played with an exhilarating enthusiasm and a correctness and elasticity that were a constant delight."[41]

---

[40] vgl. Pamela Weston, More clarinet Virtuosi of the past, London 1977 (Reprinted 1982), Plate 3.

[41] vgl. New York Times, 22. März 1937, S. 26.

Es kann durchaus festgehalten werden, dass mit der Auflösung des Bellison Ensembles im Jahre 1938 das wohl bis in die heutige Zeit berühmteste und außergewöhnlichste Klarinetten-Ensemble Geschichte wurde. Darüber hinaus spielte es über einen großen Zeitraum eine nicht unwesentliche Rolle im musikalischen Leben von New York.

John Geanacos

In seinem Aufsatz „The History of the Clarinet Choir" und in seiner Magisterarbeit „The Clarinet Choir" erwähnt John Morgan noch einen weiteren Klarinetten-Chor, der zur Zeit Bellisons, noch vor der so genannten „balanced clarinet choir Movement"[42] von 1952, an der Westküste Amerikas tätig war. Geleitet wurde dieses Ensemble von dem damals berühmten Klarinettenpädagogen John Geanacos. Da die Quellenlage sehr dürftig ist, kann nur Folgendes festgehalten werden: Die Proben des Klarinetten-Chors fanden am Samstagvormittag, im Haus von John Geanacos in San Francisco statt. Erwähnenswert ist auch, dass alle Arrangements von Geanacos selbst geschrieben wurden.[43] Dieses Ensemble muss ebenfalls als frühes klassifiziert werden, da es nachweislich vor 1950 gegründet wurde.

---

[42] Dieser Terminus wurde von Hal Palmer 1952 erfunden, siehe w. u.

[43] vgl. J. Morgan, a. a. O., S. 768; vgl. dazu auch ders., a. a. O., S. 31.

1.3 The Balanced Clarinet Choir Movement in den USA

Der Anspruch, innerhalb des symphonischen Orchesters zu einem ausgewogenen Klarinettenklang zu kommen, legte in den 30er und 40er Jahren in den USA den Grundstein für die Entwicklung einer Standard-Instrumentation. Die Experimente führender Komponisten, Dirigenten und Arrangeure mit der Funktion der Klarinettenfamilie innerhalb der „concert band" war ausschlaggebend für die Entwicklung des Klarinetten-Chors als eigenständiges Ensemble.

Die Pädagogen und Arrangeure James P. De Jesu, Russell Howland und Harold Palmer bemühten sich in den 1950er Jahren um die Entwicklung der Klarinetten-Ensembles und verwendeten als erste den Terminus „Choir", anstelle von Ensemble. Durch ihr Engagement beim Arrangieren von Musik bedeutender Komponisten und durch die Publikation dieser Werke gelangten auch andere Ensembles zu einem spielbaren Repertoire.[44]

Im Winter 1950-51 erschien in dem Magazin „Clarinet" zum ersten Mal ein Bild mit der Überschrift: „James P. De Jesu, a busy Long Island teacher with his clarinet ensemble". Jesu war einer der ersten Pioniere, der mit dem Klarinetten-Chor experimentierte. Seit dem berühmten „Bellison Ensemble" ist dies die erste Erwähnung eines Klarinetten-Ensembles in einer nationalen Zeitschrift in den USA. Den ersten Artikel über den

---

[44] vgl. N. Heim, The Development of the Clarinet Choir in the U.S.A., in: Bericht über die zweite internationale Fachtagung zur Erforschung der Blasmusik, Tutzing 1977, S. 109-110 (Alta Musica 4).

Klarinetten-Chor schreibt 1951 Lucien Cailliet in der Zeitschrift „Symphonie". Darin führt Cailliet aus, dass im Klarinetten-Ensemble ein größeres Potenzial steckt als in dem schon bekannten und populären Saxophon-Chor. Im Oktober 1952 erscheint in der Fachzeitschrift „The Instrumentalist" ein Artikel mit der Überschrift "Improved Clarinet Section via Choirs". Darin taucht der Terminus „Klarinetten-Chor" erstmalig auf.[45]

Im Jahre 1952 erfand Harold Palmer den Terminus „balanced clarinet choir". Sein Interesse am Klarinetten-Chor resultierte daraus, dass er mit Russell Howland vom Fresno State College in Kalifornien in Kontakt trat und ihn beauftragte, in High Plains Music Camp in Hays, Kansas, einen Klarinetten-Chor zu organisieren. Aus einem Interview, das Kenneth Edward Novak mit Russell Howland über die Entwicklung und Organisation des High Plains Music Camp und seine Arbeiten an der California State University führte, geht Folgendes hervor: Da es keine geeignete Literatur für Klarinetten-Chor gab, begann Russell Howland verschiedene Arbeiten von berühmten Komponisten zu arrangieren. Nach und nach formte er seinen eigenen Klarinetten-Chor:

„With the increased production of bass and contra bass clarinet along with the many clarinettists available, Mr. Howland developed a large clarinet choir. This consisted of an average membership of ten first, second, and third Bb soprano clarinets, ten alto clarinets, eight bass clarinets and eight contra bass clarinets."[46] Seine Arbeiten im High Plains Music

---

[45] vgl. James De Jesu, Improved Clarinet Section Via Choirs, in: Woodwind Anthology. A compendium of Woodwind Articles from "The Instrumentalist", Vol. 2, Northfield, Ill. 1986, S. 665.

[46] vgl. Kenneth E. Nowak, a. a. O., S. 31.

Camp in Hays setzte Howland im "music department" in Fresno fort, wo er für den Klarinetten-Chor komponierte und arrangierte. Seine Arbeiten zählen heute noch zu den besten der Klarinetten-Chor Literatur. Viele seiner Arbeiten sind bei „Rebo Music Publishers" und „Interlochen Press" erschienen. Die Arbeiten und Experimente mit dem Klarinetten-Chor in Hays von 1952 stellen quasi die Geburtsstunde des ersten wirklich ausgewogenen Klarinetten-Chors dar.

George E. Waln definiert im „The Instrumentalist" 1955 den Klarinetten-Chor folgendermaßen:

„ [...] what is meant by the phrase Clarinet Choir or Balanced Clarinet Choir. It means, simply, the use of the entire family of clarinets in such proportions as to furnish the basic sound of the band, just as the string section provides the basic sound of the orchestra."[47]

Als die high school und college bands nach und nach ihre tiefen Klarinettenregister besetzten, steigerte sich auch das Interesse an eigenständigen Klarinetten-Chören.

Einer der ersten Pioniere, der das Potenzial der Klarinetten-Chöre frühzeitig erkannte, war der von 1953 bis 1958 für die Forschung und Pädagogik zuständige Direktor bei G. Leblanc Corporation Don McCathren (von ihm sei später noch die Rede). In dieser Zeit konnte McCathren Alfred Reed für seine Bewegung gewinnen. Reed und McCathren fuhren

---

[47] vgl. George E. Waln, The Clarinet Choir, in: Woodwind Anthology. A compendium of Woodwind Articles from "The Instrumentalist", [o. Jg.], Vol. 2, Northfield, Ill. 1986, S. 683.

quer durch die USA und waren organisatorisch und pädagogisch bei
Neugründungen von Klarinetten-Chören behilflich:

„One of the first American composers to become vitally interested in
the clarinet choir and to advocate its use as the basic choir in the concert
band was Alfred Reed. Like Gillette, Reed has certain fundamental ideas
which he considers essential if the instrumentation of the concert band is
to become standardized and balanced ...‟[48]

Für die großartige Weiterentwicklung der Klarinetten-Chor Bewegung
im Jahre 1955 waren die o. a. Pioniere Ton angebend, und es ist durchaus
festzuhalten, dass dies ihr Verdienst war. Im Juni desselben Jahres war
McCathren Gastdirigent in „Kansas All-State Music Camp", und im
Spätsommer darauf schloss er sich Russell Howland und Harold Palmer
im „High Plains Camp" an.[49]

1956 dehnte McCathren seine Vorträge und Gastdirigate auf neue Ge-
biete des Landes aus. Er organisierte und dirigierte Klarinetten-Chöre bei
speziellen Anlässen wie beispielsweise bei musikpädagogischen Konferenzen. Im „Ball State Teachers College" fand am 16. Februar 1956 eine
obgenannte Konferenz statt. McCathren organisierte ebendort mit high
school Studenten aus dem Gebiet um Muncie, Indiana, einen Chor mit
mehr als hundert Klarinettisten.[50]

Für seine Vorträge hatte McCathren folgendes Konzept:

---

[48] George D. Stirrat, a. a. O., S. 68.

[49] John B. Morgan, a. a. O., S. 37.

[50] Briefwechsel von Don McCathren und John B. Morgan vom 27.09.1961; vgl.
dazu J. B. Morgan, The Clarinet Choir, a. a. O., S. 38.

1. Zuerst erklärte er die Philosophie des Klarinetten-Chors.

2. Mit Hilfe des anwesenden Klarinetten-Chors stellte er die verschiedenen Instrumente der Klarinettenfamilie - mit anschließender Podiumsdiskussion - vor.

3. Es wurde die große und interessante Klangfarbe des Klarinetten-Chors durch die Hinzunahme der tiefen Klarinetten demonstriert.

4. Abschließend fand ein Konzert mit Originalliteratur und Transkriptionen für Klarinetten-Chor statt.

Einige dieser vielen pionierhaften „clinics", die McCathren gehalten hatte, waren in folgenden Städten der USA:

- Kentucky State Meeting in Louisville (Juni 1956)

- Texas Music Educators Meeting in Dallas (Februar 1956)

- Nebraska State

- Mid-West Band Directors Clinic in Chicago

- Iowa Bandmasters in Sioux City

- MENC51 regional meeting in Buffalo (1959)

- 11. Band Director's National Conference in Ann Arbor, Michigan (Sommer 1960)

- Maryland state meeting in Buffalo (zusammen mit Alfred Reed)

- Western Reserve University Clinic in Cleveland

---

[51] MENC: The National Association for Music Education.

Abbildung 2: Don McCathren bei der Texas music state convention[52]

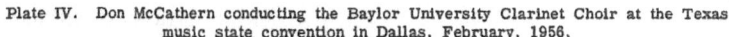

Plate IV. Don McCathern conducting the Baylor University Clarinet Choir at the Texas music state convention in Dallas, February, 1956.

Von Alfred Reed erschien 1955 bei Leblanc das erste Originalwerk für Klarinetten-Chor mit dem Titel „Havana Moon" - For clarinet choir and percussion. Zur Entstehungsgeschichte des Werkes erzählte Alfred Reed dem Verfasser bei der Mid-Europe[53] 2001 in Schladming Folgendes:

---

[52] J. B. Morgan, a. a. O., S. 40, Plate IV.

[53] Alfred Reed war als Vortragender und Gastdirigent bei der 4. Mid-Europe (The International MID EUROPE Conferences for Symphonic Bands and Wind Ensembles) in Schladming 2001 eingeladen.

Als Manuskript erschien zuerst die 3-sätzige „Caribbean Suite", woraus 1955 der Satz mit dem Titel „Havana Moon" von Charles Hansen verlegt wurde. Allerdings war dieses Werk nicht allein für Klarinetten-Chor, sondern auch für 3 „leichte" Schlaginstrumente komponiert. Dieses Werk ist derzeit bei „Masters Music" und bei „Kalmus" erhältlich. Havana Moon kann man zum Standard Repertoire für Klarinetten-Chor zählen.[54] Für die Entwicklung der Klarinetten-Chor Literatur in den 1950er Jahren ist auch die Anmerkung von Alfred Reed in der Partitur zu „Havana Moon" sehr aufschlussreich:

"With the development of the Bb Contra-Bass Clarinet, as well as the improvement of the Eb Alto and Bb Bass Clarinets by the G. LeBlanc Instrument Corporation, the Fully Balanced Clarinet Choir, at last, becomes a practical reality. We now have the pure, basic tone for the Band as a complete section in itself, capable of being detached from the Orchestra as a whole, and playing its own literature. The publication of the Carribbean suite for clarinet choir marks the first step in the development of a literature for the Band that small stand in the same relationship to it as the String Orchestra literature to the Symphonie Orchestra."[55]

Dass mit der Organisation und Gründung eines College Klarinetten-Chors (Fresno State College) in den 1950er Jahren auch finanzielle

---

[54] Dieser Titel wurde unter der Leitung von A. Reed im Jahre 1995 vom „Tokyo Kosei Wind Orchestra" auf der CD „Mini winds: Chamber Music for Winds" eingespielt. Erhältlich bei Kosei Publishing Company; vgl. dazu D. M. Jordan, A. Reed. A Bio-Bibliographie, Westport, Connecticut und London 1999, S. 155.

[55] A. Reed, Anmerkung des Komponisten, in: Partitur zu Havana Moon, Kalmus & Co., Inc., Boca Raton 1955, S. 8.

Schwierigkeiten verbunden waren, belegt folgendes Statement von Russel Howland:

„By the fall of 1956, our college budget had come providing for some contra-clarinets and I started a choir here."[56]

Da Howland alle Werke für seinen Chor selbst arrangierte und er in diesem Metier als einer der talentiertesten des Landes galt, war es auch in weiterer Folge für andere bestehende Chöre ein großer Vorteil, da auch sie so zu einem Repertoire und ansprechender Literatur kamen.

An der Iowa State University gründete Thomas A. Ayres (1955-1958) einen Klarinetten-Chor. Ayres forcierte in ganz Iowa diese neue Bewegung und galt ebenfalls als großer Motor für die Klarinetten-Chor Initiative. Ein anderes Beispiel zeigt uns, wie rar damals die publizierten Werke waren. George Waln vom Oberlin College hielt vom 16.-18. Januar 1958 eine „Clinic" in Cedar Rapids, Iowa, und hatte 26 Werke, herausgegeben von 9 verschiedenen Verlagen, zur Verfügung.

Als McCathren seine Stelle bei G. Leblanc Corp. aufgab und in Folge „Director of bands" an der Duquesne Universität in Pittsburgh wurde, organisierte er bald darauf seinen eigenen Chor, der einer der besten des Landes werden sollte. Dieser Chor trat u. a. am 24. Januar 1959 beim regionalen Treffen der MENC in Buffalo auf. Im Mai desselben Jahres erschien dann ein Foto des „Duquesne Clarinet Choir" auf der Titelseite

---

[56] Russel S. Howland, Forming a Clarinet Choir, in: Woodwind World, o. Jg., 15. September 1960, o. S.

des „The School Musician" Magazin, das in Fachkreisen besondere Aufmerksamkeit erregte.[57]

Lucien Cailliet, der McCathren als musikalischen Direktor bei Leblanc in Kenosha ablöste, konnte kein größerer Gewinn für die Klarinetten-Chor Bewegung sein. Er schrieb in dieser Zeit mehrere Artikel darüber, arrangierte zahlreiche Werke und komponierte ein Originalwerk mit dem Titel „Clarinet Poem" (mittlerweile sind viele Arrangements und auch einige Originalkompositionen von Lucien Cailliet verlegt).[58]

Russel Howland gab 1959 einen neuen wichtigen Impuls für die Klarinetten-Chor Bewegung, indem er den ersten „business man´s" Chor organisierte. Die Mitglieder des Ensembles waren durchweg Erwachsene und stammten aus der weiteren Umgebung um Fresno. College Studenten waren in diesem Ensemble nicht eingebunden, doch gestalteten der Schulchor und der Business-Chor ihre Konzerte gemeinsam. Die beiden Chöre waren insgesamt mit 40 Musikern besetzt.[59]

1959 nahm auch das Interesse am Komponieren für Klarinetten-Chor zu. Beispielsweise erreichte die Komposition „A Study in Lavender" (Southern Music) von Eric Osterling einen dermaßen hohen Popularitäts-

---

[57] J. B. Morgan, a. a. O., S. 42.

[58] Cailliet galt auch als ein Vertreter der Es-Klarinette und berücksichtigte sie mit Erfolg in seiner Instrumentation. Die ersten Arrangeure wie R. Howland und J. DeJesu versuchten ebenfalls dieses Instrument zu integrieren, doch nachweislich mit weniger Erfolg.

[59] R. Howland, a. a. O., o. S.

wert, dass daraus ein Orchesterarrangement gemacht wurde. Diese Komposition war auch die erste, die für eine andere Besetzungsform transkribiert wurde.

Das „Tri-State Music Festival", das am 1. Mai 1959 in Enoch, Oklahoma, abgehalten wurde, ist im Zusammenhang mit der weiteren Entwicklung der Klarinetten-Chor Bewegung wiederum sehr interessant. Ebendort organisierte Don McCathren einen Chor mit 88 Klarinettisten, die sich aus dem ganzen Süden zusammengefunden hatten. Dieses Ensemble stand auf dem regulären Programm des Festivals. In einem Brief an John Morgan teilt uns Don McCathren zu diesem Event und zur Steigerung der Popularität der Klarinetten-Chöre in den Schulen Folgendes mit:

„At the famous Tri-State Music Festival held in Enid, Oklahoma, in May 1959, I organized a high school clarinet choir which made up of 88 clarinet players from throughout the South. This group rehearsed during the festival and played on the festival concert. I believe that the participation of many clarinet players in clarinet choirs at this time built interest in the idea, and these players returned to their high schools enthusiastic and eager for clarinet choir of their own. In addition to this, hundreds of bands and orchestra directors heard these ensembles and were motivated in organizing clarinet choirs in their schools. I sincerely believe that there is no finer way to improve a band than to have an outstanding clarinet choir, since the clarinets are the most important section of the band."[60]

---

[60] Briefwechsel von Don McCathren und J. B. Morgan vom 4. November 1961; vgl. dazu J. B. Morgan, The Clarinet Choir, a. a. O., S. 44–45.

McCathren war es auch vergönnt, Uraufführungen von Klarinetten-Chor Werken zu dirigieren, so bei der im Dezember 1960 stattgefundenen „Mid-West National Clinic". Mit dem „Searl Pickett Clarinet Choir" aus Fond du Lac, Wisconsin, und dem o. a. Dirigenten kam Alfred Reeds Werk „Clarinet Valsante" zur Erstaufführung. Da die Verantwortlichen der Mid-West Aufführungen von Klarinetten-Chören protegierten, hatte auch Lucien Cailliet am 22. Dezember 1961 die Möglichkeit, einen „fully balanced clarinet choir" mit Studenten des „VanderCook College of Music" aus Chicago mit seinen eigenen Kompositionen und Arrangements zu dirigieren.

Ein weiterer sehr erfolgreicher Klarinetten-Chor anfangs der 1960er Jahre war das Ensemble des Lebanon Valley College in Anville, Pennsylvania. Unter dem damaligen enthusiastischen Leiter und Pädagogen Frank E. Stachow trat die Gruppe im Jahre 1961 bei mehreren nationalen pädagogischen Konferenzen auf. Frank Stachow schreibt über die Entwicklung seines Klarinetten-Chors Folgendes:

„Our Clarinet Choir began originally as a B-flat Clarinet quartet. After a year or so, we resurrected and had overhauled an alto and a bass clarinet. We then operated for a couple of years as a Clarinet Sextet. We then brought a b-flat contrabass clarinet and decided to investigate the possibility of multiplying players on each part. We have since been able to persuade the administration to purchase an additional three alto clarinets, and two bass clarinets, so that our group now varies from 4 to 6 players on each of the first three B-flat clarinet parts; 4 to 6 alto players; 3 to 6 bass players, depending on whether or not we can fill out the sections with interested, competent high school students. So far, this has been possible. This group has performed in the past several years for the various district festivals held in this state, the local Pennsylvania Music Educators Association state convention, and the last year we were privileged to play the Eastern division Convention of the MENC held in Washington… We also were privileged to play for the national convention in Atlantic City of the NEA."[61]

Wie schon zuvor erwähnt, wollten vor allem die high school und college bands in den 1950er Jahren ihre Klarinettenregister verbessern. Dies war der Anlass, dass viele engagierte und erfahrene Musikpädagogen Klarinetten-Chöre gründeten und so bei der Etablierung und Verbreitung des Klarinetten-Chors großen Anteil hatten. Neben McCathren und Alfred Reed sind folgende herausragende Pädagogen zu nennen:

Harold Harvey von der Montana State University

Arthur Christman von der Juillard School of Music in New York

William Stubbins von der Michigan State University

Thomas Ayers von der Iowa State University

George Waln von der Oberlin State University

Frank Stachow von der Lebanon State University.[62]

Für die weitere positive Entwicklung der „clarinet choir movement" in den 1960er Jahren sorgten u. a wieder engagierten Musiker und Professoren mit ihren professionellen Chören von nachstehenden Universitäten:

---

[61] Briefwechsel von Frank Stachow und John B. Morgan vom 13. Dezember 1961; vgl. dazu John B. Morgan, a. a. O., S. 46.

[62] vgl. J. Morgan, a. a. O., S. 768.

- Vance Jennings von der Wichita State University
- William Willet von der New York State University
- Davit Hite von der Capital University
- Harvey Hermann von der University of Illinois

Diese 2. Periode in den 1960er Jahren markierte ein vermehrtes öffentliches Auftreten der Klarinettenchöre. Von McCathren, Alfred Reed, George E. Waln und Frank Stachow u. a. wurden infolge für die großen Musikkonferenzen „clarinet choir clinics" organisiert. So trat im Mai 1965 zum ersten Mal ein Klarinetten-Chor bei der „New York World's Fair" und im März 1966 bei der „MENC National Convention" in New York auf. 1967 spielte ein Klarinetten-Chor bei der „Expo '67" in Montreal.

Innerhalb dieses Jahrzehnts haben namhafte Komponisten wie Gordon Jacob, Arthur Frankenpohl, Ivar Lunde, Elliot DelBorgo, Vaclav Nelhybel, William Presser und Howard Rarig für Klarinetten-Chor komponiert.

Um das Interesse am Komponieren für Klarinetten-Chor in den 1970er Jahren zu wecken, wurde erstmalig vom Musikverlag Kendor Music Inc. In Zusammenarbeit mit der Universität von Maryland ein Kompositionswettbewerb ausgeschrieben. Der Gewinner sollte 300 Dollar erhalten sowie eine Garantie, dass das prämierte Werk verlegt wird. Der erste Wettbewerb konnte dann auch 1975 abgehalten werden und zog Komponisten aus den USA, Kanada und England an. Insgesamt wurden 37 Werke vorgelegt. Ivar Lunde Jr. von der Universität Wisconsin konnte diesen Wettbewerb mit dem Werk „Nuances" für sich entscheiden. Schon ein Jahr darauf, 1976, konnte der 2. Wettbewerb abgehalten werden.

Von 21 Arbeiten wurde das Werk mit dem Titel „Dodecaphonic Essay"
des Professors am Potsdamer State College in New York, Elliot Del
Borgo, prämiert. Der Kompositionsstil der teilnehmenden Komponisten
reichte von der Romantik bis zu einzelnen dissonanten Werken.[63]

Für die weitere Verbreitung der Klarinetten-Chor-Bewegung in den USA
trugen folgende Faktoren wesentlich dazu bei: 1. das Interesse für die
Instrumentalmusik nahm in den USA rapide zu, 2. die große Besetzung,
der volle Klang und die Vielseitigkeit des Chors, 3. die technische Entwicklung der Instrumente - vor allem die Es-Sopran-, Es-Alt-, Es- und
B-Kontra-Bassklarinetten wurden weiter technisch verbessert, 4. die
symphonischen Orchester konnten sich durch das Hervortreten des Klarinetten-Chors aus den eigenen Reihen qualitativ verbessern, 5. hochka-
rätigere Literatur wurde für Klarinetten-Chor geschrieben und 6. es tra-
ten in den USA verstärkt besser ausgebildete Klarinettisten hervor.[64]

Zusammenfassend können wir festhalten, dass der Klarinetten-Chor in
den USA hauptsächlich im Bildungsbereich existiert. Pädagogen und Dirigenten haben die Wichtigkeit des Klarinetten-Chors einerseits als Aus-
bildungsensemble für junge Studenten und andererseits auch als eigenständiges Ensemble erkannt.[65] Norman Heim, einer der großen Wegbereiter dieser Bewegung, schreibt 1979 über den Klarinetten-Chor wie
folgt:

---

[63] N. Heim, a. a. O., S. 109–111.

[64] vgl. R. K. Weerts, The Clarinet Choir As A Functional Ensemble, in: Woodwind Anthologie. A compendium of Woodwind Articles from "The Instrumentalist", [o. Hg.], Vol. 2, Nortfield, Ill 1986, S. 800–801; vgl. dazu N. Heim, a. a.
O., S. 109–111.

[65] Der Autor führte am 25. August 2002 einen Briefwechsel mit Alfred Reed.

„ [...] today, the clarinet choir still serves as a training group for the clarinet section of the symphonic band, since the medium is relatively new. However, the choir is increasingly serving as a performing group with its own literature and concerts. Clarinet choirs are found in the elementary, junior and senior high schools and in many colleges and universities ...‟[66]

Die vielen Klang- und Besetzungsmöglichkeiten, die der Klarinetten-Chor bietet, lassen für die Zukunft durchaus hoffen, dass nicht nur auf der Ebene des Bildungsbereiches Klarinetten-Chöre entstehen, sondern auch eigenständige Ensembles hervortreten werden.

---

[66] N. Heim, a. a. O., S. 109–111.

1.4   Der Status Quo des Klarinetten-Chors im 21. Jahrhundert

Es gilt nochmals festzuhalten, dass sich die Wurzeln des Klarinetten-Chors vor allem im Schulblasmusikbereich in den USA befinden. In diesem Kapitel versucht der Autor aufzuzeigen, welche Rolle der Klarinetten-Chor als musikalisches Ausdrucksmittel im 21. Jahrhundert spielt.

Auch die Funktion der einzelnen Instrumente innerhalb des Ensembles wurde in einer Studie in den Jahren 2003-04 untersucht. Für dieses Forschungsprojekt wurde ein Fragebogen aus einer Kombination von allgemeinen, spezifischen und offenen Fragen zusammengestellt und an repräsentative Klarinetten-Chöre bzw. deren Leiter an Schulen und Universitäten in den USA, Europa, Japan und Australien versandt. Diese Art der Zusammenstellung erlaubte den Befragten schnell und präzise zu antworten. Außerdem hatte der Klarinetten-Chor Leiter die Möglichkeit, eigene Statements und Meinungen abzugeben. Der Schwerpunkt der Studie lag naturgemäß in den USA, doch konnten auch da nur ausgewählte Klarinetten-Chöre dafür herangezogen werden.

Raoul F. Camus schreibt in diesem Zusammenhang über die Blasmusik an amerikanischen Schulen:

„Fast jedes College hat ein Musikangebot. Viele bedeutende Universitäten haben Konservatorien oder eine ‚School of Music', die etwa den Musikhochschulen gleichgestellt sind. Die Universität von Indiana zum Beispiel hat über 1200 Musikstudenten. Die großen Schulen haben mehrere unterschiedliche Blasorchester: eine Football-Marching-Band mit bis zu 300 Musikern, ein sinfonisches Blasorchester, verschiedene kleinere Konzertblasorchester, ‚Pep'- (Elan) Blaskapellen für Basketball und andere sportliche Aktivitäten sowie ein spezialisiertes Wind-Ensemble."[67]

Die meisten Klarinetten-Chöre sind aber nur aus pädagogischen Gründen und als Zusatzangebot zum Musikstudium an den o. a. Schulen ins Leben gerufen worden und treten nur sehr spärlich in der Öffentlichkeit auf. In Europa gründete sich der erste Klarinetten-Chor im November 1970 in Großbritannien. Der „Ionian Clarinet Choir" wurde in „Whetstone" - innerhalb des Londoner Stadtbezirkes „Barnet" - vom Musikdirektor Roy Upton Holder initiiert. Die Fakten belegen auch, dass dieses Ensemble die erste Schallplattenaufnahme eines Klarinetten-Chors in Europa realisierte. Norman Heim erwähnt ferner in seinem Artikel über den „Ionian Clarinet Choir", dass die Rundfunkstationen „B.B.C." und „L.B.C." in London einige Tracks davon ausstrahlten.[68] Bei der zweiten Tonträgeraufnahme des Ensembles wurde das „Finale" aus Tschaikowskys Violin-Konzert mit Anton Weinberg eingespielt.[69]

Die erste Ausstrahlung einer Klarinetten-Chor-Aufnahme in Europa (Zürich) datiert aber nachweislich vom 23. November 1979:

„On November 23, 1979 the recording made by the University of Maryland Clarinet Choir was played on Radio Zürich on its hour featuring wind music. The response of listeners in Switzerland, Austria, and

---

[67] vgl. Raoul F. Camus, Blasmusik an amerikanischen Schulen, in: Clarino, Jg. 12, Heft 11, November 2001, S. 10–13; Zitat: S. 12.

[68] Wann diese Aufnahmen ausgestrahlt wurden, konnte nicht eruiert werden.

[69] vgl. dazu N. Heim (Hg.), in: Clarinet Choir. News International, Nr. 2, Spring 1979, S. 6.

Germany was gratifying. This was the first broadcast of a clarinet choir in Europe."[70]

Im übrigen Europa gründeten sich die ersten Klarinetten-Chöre erst in den 1980er Jahren in Belgien und Holland. In diesen Ländern nimmt der Klarinetten-Chor bereits einen festen Platz in der Musiklandschaft ein. Daher dehnen sich meine Untersuchungen auch auf Europa aus, um festzustellen, inwieweit die Klarinetten-Chor Bewegung hier fortgeschritten ist.

Über die Situation der Klarinetten-Chöre in Japan bzw. Asien teilte Alfred Reed, der regelmäßig mehrere Monate im Jahr als Gastdozent in Tokio verbrachte, dem Verfasser in einem Briefwechsel Folgendes mit:

„I would say that this type of performing organization exists largely in the educational area: schools, colleges and universities, much the same as in the U.S. But there are one or two professional organizations which play a few public concerts each year ..."[71]

Zur Funktionalität und Entwicklung der Klarinetten-Chöre in den USA und Japan meint Alfred Reed:

„Smaller clarinet groups are an important part of the music education system both in Japan and the U.S.: i.e. trios, quartets, quintets, etc., and

---

[70] derselbe, Heft 4, Spring 1980, S. 1.

[71] vgl. Alfred Reed, a. a. O.

the larger clarinet choir such as the ones mentioned above has been developing during the past 35 years in both countries, both in the schools and as an amateur group for private performance and enjoyment."[72]

Über eine Klarinetten-Chor Bewegung in Südafrika[73], wo man in diesem Zusammenhang annehmen könnte, dass ebendort ein Entwicklungsgang stattgefunden hat, war bei meinen Untersuchungen nur ansatzweise etwas zu erfahren. Aus einem Bericht von Spencer Pitfield über das „College of Music" in Zimbabwe geht jedoch hervor, dass in Zukunft das musikalische Bildungsangebot einen Klarinetten-Chor vorsieht:

„In line with its practical approach, the college utilizes its limited resources to concentrate upon instrumental, rather than academic, musical education. Students above grade five Royal Schools standard receive a one-hour instrumental lesson per week, while those students who fall below this grade receive 45 minutes tuition per week. Clarinet students are encouraged to join the wind band, which constitutes some 40 players, at present 10 are clarinettists. The better clarinet students also have the opportunity to play in the College Symphony Orchestra, and if Bourdillon is able to realize one of his dreams (and enough Eb and bass clarinets

---

[72] Ebda.

[73] Der Autor führte mit Fanie Jooste am 16.10.2001 einen Briefwechsel, in dem er dem Verfasser mitteilte, dass es wohl kleine Klarinettenensembles in Bloemfontein bzw. in Kapstadt gegeben hat, aber mehr als Teil des Erziehungsprogramms (Fanie Jooste ist Professor für Musikwissenschaft und Fagottlehrer an der School of Music Potchefstroom University for Christian Higher Education und Fagottist im Potchefstroom University Symphonie Orchestra).

can be found – Zimbabwe has just one bass clarinet in the whole country!), students may have the chance to play in a clarinet choir in future."[74]

Ansätze einer Klarinetten-Chor Bewegung konnte der Verfasser auch in Australien sichten. Die australische „Clarinet & Saxophone Society" konnte mehrere Adressen von Klarinetten-Chor Leitern übermitteln, die im Hinblick auf die Entwicklung der Klarinetten-Chöre in Australien näher Auskunft gaben. Der Autor konnte daher seine Forschungen auf die USA, Europa, Asien und Australien ausdehnen.

Ein Wegbereiter der Klarinetten-Chor Bewegung, nämlich Harvey Hermann von der Universität Illinois, der 23 Jahre Direktor des Klarinetten-Chors (1964-1987) ebendort war, konnte für diese Studie ebenfalls gewonnen werden. Seine großen Erfahrungen auf diesem Sektor floßen hier in das Projekt ein und sind von unschätzbarem Wert.

---

[74] vgl. Spencer Pitfield, The Clarinet in Zimbabwe, in: The Clarinet, May/June 1996, S. 18f.

Resümee:

Die Entwicklung des Klarinetten-Chors zu einem effektiven musikalischen Ausdrucksmittel ist in engem Kontext mit der Entwicklungsgeschichte der Klarinetten-Instrumente zu sehen. Die technischen Entwicklungen, die im Bereich der Finger-Mechanismen gemacht wurden, veranlasste Instrumentenbauer tiefere Klarinetten zu konstruieren. Als die so genannten „Harmonie-Instrumente" entwickelt wurden, akzeptierte und verwendete man sie zuerst in den amerikanischen Konzert-Orchestern.

Die Kontra-Bassklarinette[75] komplettierte anfangs des 20. Jahrhunderts die Instrumentation des Klarinetten-Chors. Daraus können wir ableiten, dass, sobald die Klarinetten als gesamter Chor im Konzert-Orchester Akzeptanz erlangten, sich eigenständige Ensembles formierten. Waren die Ensembles zu Beginn noch ein Teil der Orchesterprogramme an den colleges und Universitäten in Amerika, so etablierten sich die Klarinetten-Chöre sehr bald im amerikanischen Schulsystem als gleichwertige und eigenständige Konzert-Ensembles.

Faktum ist aber, dass sich bis dato keine definitive Instrumentation bzw. Besetzungsgröße herauskristallisierte. Ferner wurde in dieser Studie und Arbeit deutlich, dass sehr viele Werke in einer Grundbesetzung von nur fünf Klarinetten (3 B-, Alt- und Bassklarinette) gespielt werden können. Komponisten, Arrangeure und Verlage instrumentieren heutzutage sehr

---

[75] Da die Orchester-Bewegung in Amerika durch die Öffentlichkeit in finanzieller Hinsicht große Unterstützung erfuhr, konnten auch die Orchester-Dirigenten und -Direktoren ihre tiefen Klarinetten anschaffen; vgl. dazu vor allem Kap. 1.

unterschiedlich. Wie effektvoll der Klarinetten-Chor als ein pädagogisches Medium funktioniert, hängt weitgehend davon ab, welche Transkriptionen und Arrangements der Dirigent in seinem Repertoire aufzuweisen hat. Wird wertvolle Literatur vom Ensemble gespielt, können so auch die Schüler und Studenten etc. die verschiedenen Stile und Epochen der Musikgeschichte erfahren. In meiner Studie ist auch ersichtlich geworden, dass für viele junge Musikschüler der Klarinetten-Chor oft die einzige Möglichkeit ist, niveauvolle Literatur und verschiedene Stile kennen zu lernen. Als ein Ergebnis dieser Studie kann nochmals zusammenfassend festgehalten werden, dass die Direktoren bzw. Dirigenten der Klarinetten-Chöre, sehr gerne gute Transkriptionen und Arrangements spielen. Zahlreiche Ensemblemitglieder sind im Arrangieren für die eigene Gruppe sehr aktiv. Der Grund hierfür mag darin zu finden sein, dass viele Ensembles zuwenig gute Originalliteratur vorfinden. Obwohl der Autor feststellen kann, dass insbesondere in den USA und mittlerweile auch in Europa exzellente Originalliteratur vorliegt. Dies sollte einerseits Pädagogen bzw. Dirigenten vor allem in Europa dazu ermutigen, neue Chöre zu formieren und gleichzeitig Komponisten dazu anregen, gute Originalliteratur dafür zu schreiben. In pädagogischer Hinsicht kann dem Klarinetten-Chor noch eine weitere entscheidende Bedeutung beigemessen werden, nämlich die Fertigkeiten im Ensemblespiel zu verbessern. Die frühen Klarinetten-Ensembles von Poncelet, Bellison und De Jesu sind grundsätzlich aus diesem Gedanken heraus gegründet worden.[76] Ein Statement von David Hite verdeutlicht diese Ansicht:

---

[76] vgl. dazu Kap. 3 „Frühe Klarinetten-Ensembles in den USA", insbesondere Simeon Bellison.

„The literature is a by-product, for awhile at least, to the greater importance of this opportunity to learn how to tune blend, match staccato, and to apply the skills related to inflection and expression."[77]

Auch Norman Heim, einer der großen Gründerväter dieser Bewegung, untermauert das Statement von David Hite und meint im Jahr 1972, dass sein Klarinetten-Chor an der Universität von Maryland nur zwei Konzerte im Jahr gibt.[78]

Die Fakten belegen auch hier, dass zu Beginn dieser Strömung pädagogische Überlegungen, vor allem in den USA, für Neugründungen von Klarinetten-Chören im Vordergrund standen. Das Musizieren im Klarinetten-Chor hat noch einen weiteren großen Vorteil: Alle Mitglieder der Klarinettenfamilie sind im Violinschlüssel notiert und haben annähernd den gleichen Tonumfang (zumindest theoretisch). Das wiederum erleichtert den Musikern den Wechsel auf ein anderes Klarinetteninstrument (nicht zuletzt deshalb, weil die Instrumente großteils dasselbe Griffsystem haben). In dieser Untersuchung kristallisierte sich weiter heraus, dass die Es-Klarinette für die Klangfarbe sehr wesentlich ist und von allen Dirigenten auch besetzt wird. Essenziell ist für die Leiter jedoch, dass sie die 1. B-Klarinettenstimme nicht verdoppelt (ansonsten wird sie nicht unbedingt eingesetzt). Was die Rolle des Bassetthorns im Klarinetten-Chor betrifft, so können wir festhalten, dass es zumindest in Amerika, Australien und in Japan kaum Verwendung findet. In Europa hingegen wird das Bassetthorn doch häufiger der Alt-Klarinette vorgezogen. Auch

---

[77] Hite David: Persönlicher Brief an Vernon J. Hockett vom 17. März 1972, in: The Role of the Clarinet Choir as a Performance Ensemble, a. a. O., S. 29.

[78] vgl. V. Hockett, a. a. O., S. 92.

der Verfasser ist der Meinung, dass sich das Bassetthorn intonationsmä-ßig und vom Klang her betrachtet besser in den Chor einfügt als die Alt-Klarinette.

Der zukünftige Erfolg der Klarinetten-Chöre - gesehen als eigenständige Konzert-Ensembles - wird sicherlich nicht zuletzt davon abhängen, ob auch ausreichend qualitätsvolle Originalliteratur von den Komponisten geschrieben und von den Verlagen ferner publiziert wird. Der pädagogische Wert der Ensembles ist zweifelsohne unumstritten und sollte für die weitere Entwicklung, insbesondere im Zusammenhang mit der Etablierung als „Konzert-Chöre", positiv dazu beitragen.

1.5   Die Klarinetten-Chor Entwicklung ab 2005

Vieles hat sich seit meinen Untersuchungen im Zuge meiner Dissertation[79] über den Klarinettenchor einem Wandel unterzogen.

Wie wir gehört haben, sind in den 1950er Jahren die ersten Klarinettenchöre im Rahmen der vielen Music Camps in den USA als Projektorchester entstanden. Die Professoren Russel Howland, James De Jesu, Harold Palmer und Don McCathren sind als Pioniere des Klarinettenchors besonders zu nennen.

Die Arbeiten und Experimente im Music Camp in Hays in den 1950er Jahren, stellen quasi die Geburtsstunde des ersten wirklichen Klarinettenchors nach dem 2. Weltkrieg dar.

In diesem Zusammenhang möchte ich nochmals den Komponisten Alfred Reed nennen, der zusammen mit Don McCathren quer durch die USA tourte und bei Neugründungen von Klarinettenchören behilflich war. Natürlich waren die Weiterentwicklung der Instrumente und die Verfügbarkeit der tiefen Klarinetteninstrumente (Bass-, Es- und B-Kontrabassklarinette) von essentieller Bedeutung für das Aufkommen und die Weiterentwicklung der Klarinettenchorbewegung seit den 1950er Jahren.

Vor allem die High School und College Bands in den 1950er Jahren wollten sukzessive ihre Klarinettenregister verbessern. Dies führte dazu, dass viele engagierte und erfahrene Musikpädagogen Klarinettenchöre gründeten und so bei der Etablierung und Verbreitung des Klarinettenchors großen Anteil hatten.[80]

---

[79] Friedrich Pfatschbacher, Der Klarinettenchor, Universität Graz, Graz 2004 (Buchveröffentlichung im Dr. Hans Schneider Verlag 2005).

[80] vgl. dazu Kapitel 1.3.

Waren u.a. in den 1950er Jahren die vielen pionierhaften *clinics* für die Verbreitung und Entwicklung der Klarinettenchöre maßgebend, so übernahmen diese Rolle in den 1960er Jahren die Klarinettenchöre in den College- und High-Schools, die für die Bekanntmachung dieser neuen Besetzungsform sorgten. Darüber hinaus wurden auch *clarinet choir clinics* organisiert. Auch weckte diese Besetzungsform das Interesse namhafter Komponisten wie bspw. Gordon Jacob oder Vaclav Nelhybel.

Um das Interesse am Komponieren für Klarinetten-Chor zu steigern, wurden dann in den 1970er Jahren erstmalig vom Musikverlag Kendor in Zusammenarbeit mit der Universität von Maryland Kompositionswettbewerbe ausgeschrieben.

Durch das Hervortreten der tiefen Instrumente (Bass- und Kontrabassklarinette), konnte sich diese Ensembleform in den letzten Jahrzehnten und bis heute permanent weiter entwickeln. Auch der große Ambitus und die vielen Klangmöglichkeiten die ein Klarinettenchor bietet, trugen letztendlich für den Siegeszug dieser vielseitigen Besetzungsform bei. Professionelle Ensembles entstanden in den letzten 40 Jahren nicht nur in den USA, sondern seit den 1980er Jahren auch in Europa, Australien und in Japan.

Besetzungen bspw. für modernen, großen Klarinettenchor, finden wir in Europa bei belgischen Verlagen. In diesem Zuge ist der belgische Klarinettenchor Claribel[81] hervorzuheben und die großartigen Arrangements von Guido Six[82] zu nennen. Viele seiner Arrangements sind nun im Andel Verlag[83] erschienen und beinhalten teilw. separate Stimmen für Es-,

---

[81] vgl. www.sixbros.com/claribel/ [Zugriff am 27.2.2017]

[82] Der Gründer und Arrangeur des Ensembles, Guido Six, kam leider mit seinem Sohn Jef bei einem tragischen Autounfall 2015 ums Leben. Claribel wird seit 2015 von den Dirigenten Bart Picquer und Henk Soenen geleitet.

[83] vgl. www.andelmusic.be [Zugriff am 23.02.2017]

1-4. B-Klarinetten, 2 Es-Alt-Klarinetten, 2 Bass-, 1 Es-Kontraalt- und 1 B-Kontrabassklarinette.

Möchte hier auch festhalten, dass in den letzten 10-15 Jahren die Klarinettenchorarrangements sich qualitativ wesentlich verbessert haben. Anerkannte Arrangeure und Komponisten sind heutzutage als Arrangeure für den Klarinettenchor tätig. Der Österreichische Klarinettenchor hat bspw. mit *Armin Suppan* einen hervorragenden Arrangeur in seinen eigenen Reihen. Einige seiner ausgezeichneten Arrangements und Bearbeitungen sind im Kliment Verlag[84] erschienen. Darüber hinaus schreibt der Komponist und Arrangeur, *Theodor Demmel*, immer wieder für den österreichischen Klarinettenchor.

Auch in England[85] und in den USA findet man sehr gute Arrangements sowie Originalliteratur. In den USA gibt es zahlreiche Verlage die man hier anführen könnte, was jedoch den Rahmen sprengen würde. Daher möchte ich anstelle einer Auflistung auf die regelmäßig erscheinende Serie *The Clarinet Choir* von *Magaret Thornhille*[86] in der internationalen Fachzeitschrift *The Clarinet* aufmerksam machen (erstmalig erschienen September 2007). Thornhille untersucht weltweit in ihrer Serie vornehmlich außergewöhnliche Klarinettenchöre und bringt Interviews, aktuelle Entwicklungen, Repertoirevorschläge etc.

In meiner Arbeit mit dem Österreichischen Klarinettenchor hat sich weiter gezeigt, dass für viele junge Musikschüler der Klarinettenchor oft die einzige Möglichkeit ist, niveauvolle Literatur und verschiedene Stile kennen zu lernen.

---

[84] vgl. www.kliment.at [Zugriff am 23.03.2017]

[85] vgl. www.cassgb.org/library/ [Zugriff am 23.02.2017]

[86] vgl. Magaret Thornhill, The Clarinet Choir, in: The Clarinet, Vol. 34, Nr. 4, September 2007 ff.

Gegenwärtig präsentieren sich die Klarinetten-Chöre nicht nur in den USA, sondern auch in Europa, Japan, Australien und ansatzweise auch in Südamerika als Konzert-Ensembles, die sich großteils schon am Konzertpodium etabliert haben oder im Begriffe sind es zu tun.

Die Klarinettenchorszene in Österreich

Da sich diese Besetzungsform im Musikland Österreich vorwiegend nur projektorientiert etabliert hat, möchte ich hier beispielhaft für die Klarinettenchorbewegung in Österreich den *Österreichischen Klarinettenchor*, der als fixer Bestandteil der Kulturszene seit 10 Jahren betrachtet werden kann, etwas näher beleuchten.

Der Österreichische Klarinettenchor (Austrian Clarinet Choir)

Der Klarinettenchor der Österreichischen Klarinettengesellschaft (ACS) wurde beim 1. Internationalen Klarinettenkongress in Mautern 2007 von Friedrich Pfatschbacher gegründet. Das Projektorchester setzt sich aus Studenten, Lehrern und engagierten Hobbymusikern aus ganz Österreich zusammen.

Im Österreichischen Klarinettenchor (ACC) kristallierte sich bald heraus, dass die Es-Klarinette für die Klangfarbe unverzichtbar ist und daher wird vom Autor kaum Literatur, ohne dass die Es-Klarinette besetzt ist, gespielt. Essenziell ist dabei jedoch, dass sie die 1. B-Klarinettenstimme nicht verdoppelt.

Was die Rolle des Bassetthorns im Klarinettenchor betrifft, so können wir festhalten, dass es in Europa häufiger eingesetzt wird, als in Amerika, Japan und Australien, wo es kaum Verwendung findet. Wobei der Verfasser der Meinung ist, dass sich das Bassetthorn intonationsmäßig und vom weicheren und sonoreren Klang her betrachtet, besser in den Chor einfügt als die Altklarinette, die doch etwas schärfer klingt.

Viele moderne Originalkompositionen und Arrangements, die heute am Markt erhältlich sind, eignen sich nicht für Klarinettenchor. Sie sind einfach nicht gut gemacht.

Man kann bspw. nicht ein Streichensemble Arrangement hernehmen und es bedenkenlos für Klarinettenchor transponieren, ohne dass man auf die Stimmführung achtet. Dies hat nicht zuletzt auch mit den Obertönen der Klarinette zu tun. Man hört dann immer wieder von den Musikern, dass die Kompositionen bzw. Arrangements keinen *Körper* haben und nicht ausgewogen sind. Es sollte darauf geachtet werden, dass die Distanz zweier Stimmen nicht größer ist als 1 Oktave.

Gute Kompositionen bzw. Arrangements sollten eine ausgewogene Stimmführung haben und was den Klang des Klarinettenchors anbelangt, so sollte er eher weich und rund sein. Um einen kompakten und homogenen Klang eben zu erreichen, ist in diesem Zusammenhang strengstens auf die Besetzung zu achten.

Die bevorzugte Besetzung des Österreichischen Klarinettenchors (ACC) ist mit ca. 30 Musikern: *1 Es-, 4 x 5 B-Klarinetten (1-4), 2 Bassetthörner, 2 Altklarinetten, 2-3 Bassklarinetten, 2 Kontraaltklarinetten, 1 Kontrabassklarinette.*

Um einen wirklich runden und homogenen Klang zu erreichen, ist es durchaus von Vorteil einen Kontrabass noch zu besetzen.

Das Repertoire des Austrian Clarinet Choirs umfasst alle Epochen der Musikgeschichte mit besonderem Schwerpunkt auf Klassik, Romantik, und 20. Jahrhundert.

Zeitgenössische Werke bzw. Originalliteratur werden vom Ensemble immer wieder gerne aufgeführt.[87] Da Werke für Sologesang und Klarinettenchor beim Publikum sehr beliebt sind, stehen sie beim Österreichischen Klarinettenchor vielfach am Programm.

Abbildung 3: ACC beim Clarinetfest in Madrid 2015

Zu den weiter erwähnenswerten Klarinettenchören bzw. Projektensembles in Österreich, die sich in ihrem Wirkungsbereich schon längere Zeit fest etabliert haben, zählen:

---

[87] Hier möchte ich nochmals die vielen ausgezeichneten Arrangements und Bearbeitungen von Armin Suppan erwähnen, von denen zahlreiche im Kliment Verlag erschienen sind und auch auf die Kompositionen des 2016 verstorbenen Franz Cibulka aufmerksam machen.

Klarinettenorchester Tirol

Das Klarinettenorchester der Musikschule der Stadt Innsbruck wurde 1987 von Peter Rabl ins Leben gerufen. Seitdem hat er die Möglichkeiten und Erfahrungen genützt und ein großes Ensemble mit bis zu 30 Musikern auf die Beine gestellt. Die Mitglieder sind aktive und ehemalige Schüler der Musikschule der Stadt Innsbruck, fallweise wirken auch Lehrkräfte bei Konzerten und Aufnahmen mit.[88]

Wiener Klarinettenorchester

Das Wiener Klarinetten-Orchester entstand im Jahre 1993 auf Initiative von Prof. Mag. Kurt Schmid und ist das einzige seiner Art in Wien. Vorbild für die Gründung war der Tokyo Clarinet Choir. Das Ensemble setzt sich hauptsächlich aus Amateurmusikern zusammen und wird zurzeit von Reinhold Nowotny geleitet.[89]

Klarinettenchor Pinzgau (Land Salzburg)

Der Pinzgauer Klarinettenchor wurde 2007 als Gemeinschaftsprojekt von allen im Pinzgau (Land Salzburg) unterrichtenden Klarinettenlehrern gegründet und mit der finanziellen Unterstützung des Pinzgauer Blasmusikverbandes realisiert. Zielgruppe und Mitglieder sind die Leistungsträger in den Klarinettenregistern aller Pinzgauer Blaskapellen, denen ein Ensemble zur Verfügung stehen soll, in dem sie künstlerisch wie technisch anspruchsvolle Werke in einer offeneren Besetzung als in der Blasmusik üblich zu Gehör bringen und im Sinne einer Weiterbildung daran reifen können.[90]

---

[88] vgl. www.innsbruck.gv.at [Zugriff am 22.05.2017]

[89] vgl. www.klarinettenorchester.at [Zugriff am 22.05.2017]

[90] vgl. www.musikum-salzburg.at [Zugriff am 22.05.2017]

2 Zur stilistischen Entwicklung der Werke für Klarinetten-Chor

2.1 Instrumentation, Besetzungs- und Klangmöglichkeiten

Wie wir im vorigen Kapitel gehört haben, trugen viele Faktoren für die Verbreitung des Klarinetten-Chors bei. Wenn wir hier auch die Klangmöglichkeiten des Klarinetten-Chors untersuchen, so sollte man grundsätzlich das Klarinettenregister, von der Sopran- über die Alt-, Bass- bis zur Kontra-Bassklarinette, als Parallele zum Streichregister innerhalb des Symphonieorchesters sehen. Nicht nur von den Möglichkeiten her gesehen, technische und lyrische Passagen zu spielen, sondern vor allem auch vom Timbre und den vielen Klangfarben stellt das Klarinettenregister eine parallele Position dar. Die Fakten zeigen uns aber auch, dass im beginnenden 20. Jahrhundert vor allem die Alt- und Bass-Klarinette durch die Koppelung mit den Saxophonen nicht immer ihren Stellenwert erhielten.[91]

Die Entwicklung des Klarinetten-Chors innerhalb der „American concert band" spielt in Hinblick auf die Entwicklung einer Standard-Instrumentation eine besonders große Rolle. Nicht zuletzt deshalb, weil die Experimente führender Komponisten, Dirigenten und Arrangeure mit der Funktion der Klarinettenfamilie innerhalb der „concert band" ausschlaggebend für die Entwicklung des Klarinetten-Chors als eigenständiges Ensemble waren. Einige dieser Persönlichkeiten waren unter anderem

---

[91] vgl. dazu F. J. Cipolla, D. Hunsberger (Hg.), a. a. O., S. 116.

James R. Gillete, Austin Harding, Donald McCathren, Alfred Reed, William D. Revelli, Lucien Caillet und John Redfield.

Im Folgenden möchte ich auf jeden einzelnen Beitrag dieser oben angeführten Pioniere näher eingehen, da gerade sie wichtige Impulsgeber für die Entwicklung einer Standard-Instrumentation innerhalb des Klarinetten-Chors waren.

James R. Gillette

Gillette wurde in Rosebloom, New York, am 30. Mai 1886 geboren und starb am 26. November 1963 in Lake Forest, Illinois. Nach Abschluss seiner Musikstudien an der Syracuse University übernahm er die Leitung der Carelton College (Minnesota) Symphonie Band.[92] Bekannt wurde Gillette auf dem Gebiet der Instrumentation. Er bearbeitete u. a. die Symphonie in B-Dur (1926) von Paul R. M. Fauchet. Gillette schrieb 1930 viele Artikel in der Fachzeitschrift „School Music" über seine Ideen und über die Rolle der Klarinette innerhalb der American concert band. Er vertrat sehr energisch die Meinung, dass ein Orchester, um wirklich gut zu sein, nicht unbedingt groß besetzt sein muss. Gillettes Vorschlag für ein fünfzigköpfiges Orchester sieht folgendermaßen aus:[93]

---

[92] Wolfgang & Armin Suppan, a. a. O., S. 274.
[93] George D. Stirrat, a. a. O., S. 64.

Tabelle 6: Besetzungsliste Gillete - 50 köpfiges Orchester

1. und 2. Flöten	2
1. und 2. Oboen	2
Es-Klarinette	1
1. B-Klarinetten	8
2. B-Klarinetten	8
Alt-Klarinette	1
Bass-Klarinette	1
B-Sopran-Saxophon	1
Alt-Saxophon	1
Tenor-Saxophon	1
Bariton-Saxophon	1
Bass-Saxophon od. Sarrousaphone	1

1. und 2. Trompeten	2
3. und 4. Trompeten	2
1. und 2. Hörner in F	2
3. und 4. Hörner in F	2
1. und 2. Posaunen	2
Bass-Posaune	1
Bariton	1
Celli	3
Kontrabässe	2
Tuba	1
Pauke	Paar
Trommeln	2
Insgesamt	**50**

Wie wir sehen können, ist die Kontra-Bassklarinette bei Gillette noch nicht besetzt.[94] Aber noch im selben Jahr, also 1930, taucht sie in der Besetzungsliste der „University of Illinois Band" auf (vgl. dazu das Kapitel 1 „Entwicklung des Klarinetten-Chors"). Gillette vertrat die Meinung, dass die Klarinetten innerhalb der „American concert band" die Violinen des Symphonischen Orchesters seien und folgedessen eine Art „basic choir". Dies untermauert folgendes Statement:

---

[94] Dieser Artikel wurde 1930 in der Jänner/Februar-Ausgabe der Fachzeitschrift „School Music" veröffentlicht.

„As the string quartet is the foundation of the orchestra, so it would be of value for composers and arrangers to experiment in the writing of quartets and quintets for B-flat, alto, and bass clarinets."[95]

Die Alt- und Bassklarinette hatte für Gillette dreifache Verwendung: (1) als Tenor und Bass, vor allem im Klarinetten-Quartett, (2) im unisono oder in Oktaven mit den B-Klarinetten und (3) als Solo-Instrument, insbesondere um spezielle Effekte zu erzielen.[96]

Gillette war einer der ersten, der die Verwendung der Klarinetten innerhalb des amerikanischen Konzert-Orchesters als eine Art klangfüllenden „Basis-Chor" betrachtete. In Anlehnung an seinen Besetzungsvorschlag ist es aber sehr schwer vorstellbar, dass mit nur einer Alt- und Bass-Klarinette - dem gegenüber aber 16 B-Klarinetten - ein ausgewogener Klang innerhalb des Chors erzielt werden konnte.

Albert Austin Harding

Harding zählt zu den Pionieren der „school band movement". Er wurde am 10. Februar 1880 in Georgetown, Illinois, geboren und starb am 3. Dezember 1958. Harding leitete von 1907-1948 die berühmte University of Illinois Band und wurde vor allem auf dem Gebiet der Orchester Instrumentation bekannt.[97] Neben Experimenten mit seltenen und „exotischen" Instrumenten nahm er u. a. 1924 die komplette Sarrusaphon-Familie ins Orchester auf. Insbesondere löste er das „brass heavy" Konzept

---

[95] James R. Gillette, Woodwinds and the Symphonie band, in: School Music, Vol. 30, März-April 1930, S. 26.

[96] Ebda, S. 26.

[97] A. Austin Harding Collection [http.//gateway.library.uiuc.edu/sousa/aah-bio.htm, gefunden am 23.08.2002].

der amerikanischen bands auf und besetzte das Illinois Orchester mit einer wesentlich größeren Zahl an Holzbläsern. Harding, ein Freund Sousas und auch von ihm beeinflusst, war der Meinung, Blasorchester sollten sowohl im Hinblick auf das Repertoire wie auch hinsichtlich spieltechnischer bzw. aufführungspraktischer Fähigkeiten jenen Standard anstreben, den man von Sinfonieorchestern erwartet.

„He sought to give the Illinois band a symphonic sound by making greater use of oboes, bassoons, alto and bass flutes and clarinets, the full saxophone family, flugelhorns, horns instead of altos, and a contrabassoon."[98]

Wie schon im Kapitel 1 erwähnt, war A. Harding der erste, der die Alt- und Bassklarinette in einem Universitätsorchester besetzte. 1906 wurde die Alt- und 1907 die Bassklarinette eingeführt. Die Kontra-Bassklarinette scheint in der Besetzungsliste der Illinois Band 1930 das erstemal auf. Die Quellenlage zeigt uns keine frühere Verwendung einer Kontra-Bassklarinette in einem amerikanischen Orchester. Betrachtet man die Entwicklung des Klarinetten-Chors innerhalb der Illinois Band, so waren sicherlich die Anstrengungen und Experimente von Harding in Bezug auf die Instrumentation entscheidend für die spätere Etablierung der Klarinetten-Chöre als eigenständige Ensembles. Die Akzeptanz der Alt-, Bass- und Kontra-Bassklarinette in den amerikanischen Orchestern ist durchaus auf Hardings Engagement zurückzuführen.[99]

---

[98] Raoul F. Camus, Art. "Bands", in: The New Grove Dictionary of American Music, Bd. 1, hrsg. von H. W. Hitchcock und S. Sadie, London 1986, S. 127-137; vgl. auch Achim Hofer, Blasmusikforschung. Eine kritische Einführung, Darmstadt 1952, S. 225.

[99] vgl. George D. Stirrat, a. a. O., S. 67-68.

Alfred Reed und Donald McCathren

Der amerikanische Komponist Alfred Reed zeigte schon sehr früh ernsthaftes Interesse am Klarinetten-Chor. Reed sah ursprünglich die Verwendung des Klarinetten-Chors als „basic choir" innerhalb der „American concert band". Wie Gillette machte auch Alfred Reed mehrere Vorschläge hinsichtlich einer gültigen Standard-Instrumentation für die concert band, die in Folge auch in ganz Amerika Gültigkeit haben sollte. Für Reed hat der Klarinetten-Chor innerhalb der „American concert band", wie schon bei Gillette, die gleiche Funktion in der Art und Weise wie der „Streich-Chor" innerhalb des Symphonischen Orchesters. [100] Daraus kann man schließen, dass die tiefen Blechbläser nicht mehr länger das Bass- und Kontrabass-Register des Klarinetten-Chors verdoppeln. Dass die Instrumentation der einzelnen Klarinetten-Chor Werke variiert, ist hier unnötig zu sagen und ist abhängig von der Anlage der Komposition und von der Vorstellung des Komponisten oder Arrangeurs, schreibt Alfred Reed in einem Briefwechsel mit dem Autor:

„The instrumentation varies according to the nature of the piece they are performing and who the composer or arranger may have been, and what he called for in his score. In my own works, whether for clarinet choir alone or as the basic component of the wind orchestra. I always score for, I call for 18 players, as follow: 1 Eb Soprano Clarinet, 12 Bb Soprano Clarinets (usually 4 first, 4 second and 4 third), 2 Eb Alto, 2 Bb Bass, and 1 Bb Contrabass..."[101]

---

[100] vgl. George D. Stirrat, a. a. O., S. 69.

[101] Reed Alfred: Briefwechsel mit dem Autor vom 25. August 2002.

Wie aus dem o. a. Statement hervorgeht, unterscheidet Alfred Reed hinsichtlich der Instrumentation nicht, ob der Klarinetten-Chor innerhalb des Blasorchesters als Basis oder als selbstständiger Klarinetten-Chor verwendet wird. Dies spiegelt wiederum die parallele Entwicklung des Klarinetten-Chors als eigenständiges Ensemble mit der „American concert band" wider.

Don McCathren

In seiner Pionierarbeit in Bezug auf den Klarinetten-Chor wurde Alfred Reed - wie bereits im Kapitel 3 erwähnt - vom Orchesterdirektor der Duquesne Universität, Donald E. McCathren, unterstützt und auf vielen Reisen begleitet. Als im Jahre 1964 McCathren das Orchester „The Symphonie of Winds" leitete und formte, setzte er dabei Reeds Ideen praktisch um. McCathren schreibt in einem 1966 erschienen Artikel über sein Orchester:

„The instrumentation consists of a large clarinet choir and one on a part throughout the rest of the instrumentation. Having one player perform on each part gives brilliance, clarity and greater colour contrasts, just as achieved in orchestral scoring."[102]

Lucien Cailliet

Cailliet wurde am 22. Mai 1891 in Châlon-sur Marne geboren und starb am 27. Dezember 1984 in Kalifornien. Während des Militärdienstes in Dijon studierte er am Pariser Konservatorium. Nach seinem Diplom 1913 schlug er die Militärkapellmeister-Laufbahn ein. 1915 konzertierte

---

[102] Don E. McCathren, The New Sound-The Symphonie of Winds, in: The School Musician, Vol. 38, October 1966, o. S.

er mit seinem Orchester in den USA und da ihn das Land so faszinierte, blieb er seitdem auch dort. 1919 bis 1938 gehörte er als Klarinettist und Arrangeur unter Leopold Stokowsky dem Philadelphia Orchestra an. Er unterrichtete am Curtis Institute und promovierte 1937 zum Doktor der Musik an der Philadelphia Musical Academy. 1938 folgte er dem Ruf als Professor für Orchestration, Kontrapunkt und Dirigieren an die University of Southern California. 1945 bis 1957 reiste er als Gastdirigent und schrieb die Musik zu 25 Filmen. 1957 erfolgte seine Ernennung zum musikalischen Direktor der Leblanc Corporation. 1976 trat er in den Ruhestand.[103]

Cailliet spielte 1925, als er Mitglied des Philadelphia Orchestra war, die erste von „Buffet" gebaute Kontra-Bassklarinette, die nach Amerika gelangte. Der damalige Bass-Klarinettist der New Yorker Symphonie, Mr. Parme, brachte dieses Instrument in die USA. Auch der Dirigent Leopold Stokowsky wurde auf dieses neue Instrument aufmerksam, da er eine besondere Vorliebe für Experimente mit der Instrumentation hatte. Cailliet wurde Amerikas führender Orchester-Arrangeur und - was wiederum hier wichtig ist - ein strenger Verfechter des Klarinetten-Chors innerhalb der „concert band". Lucien Cailliet bemühte sich mit sehr viel persönlichem Einsatz, die Vorteile des Klarinetten-Chors für das Orchester zu demonstrieren und betrieb dafür auf seinen Konzertreisen intensive Werbung. Viele Klarinetten-Chor Werke von Cailliet zählen heute zum Standard-Repertoire (vgl. dazu die Werke „Caprice Sentimental", „Carnaval", „Poem", „Fantasie" – alle erschienen bei Leblanc). Lucien Cailliets Besetzungsvorschlag für einen optimalen und ausgewogenen Klang ist

---

[103] Wolfgang & Armin Suppan, a. a. O., S. 170.

identisch mit einem gemischten Chor: Sopran, Alt, Tenor und Bass. In dieser Anordnung führt Cailliet aus, funktioniert der Klarinetten-Chor als „basic choir". Basierend auf die oben erwähnte Anordnung, sieht sein Besetzungsvorschlag wie folgt aus:[104]

Tabelle 7: Besetzungsvorschlag Lucien Cailliet

Sopran	2 Es-Klarinetten, 6 erste, 5 zweite, 5 dritte B-Klarinetten
Alt	4 Alt-Klarinetten
Tenor	4 Bass-Klarinetten
Bass	2 Kontra-Bassklarinetten

In Anlehnung an L. Cailliet möchte der Autor diese o.a. Besetzung durchaus als sehr ausgewogen werten, die nicht nur maßgebend für die „American concert band" sein soll, sondern auch für den eigenständigen Klarinetten-Chor.

William D. Revelli und John Redfield

William Donald Revelli wurde am 12. Februar 1902 in Spring Gulch, Colorado, geboren und starb 1994. Er begann mit dem Violinunterricht schon mit 5 Jahren und war Schüler von Dominic Sarli. Er absolvierte 1922 das „Chicago Musical College" und setzte seine pädagogische Ausbildung an der „Columbia School of Music" in Chicago fort, an der er 1925 sein pädagogisches Diplom erhielt. 1935 wurde er Leiter der „University of Michigan Band" in Ann Arbor. Mit seinem symphonischen

---

[104] vgl. George D. Stirrat, a. a. O., S. 71-72; vgl. dazu auch Lucien Cailliet, The Clarinet and Clarinet Choir, Wisconsin 1955.

Orchester machte er mehrere Reisen ins Ausland (darunter eine 16-wöchige Tour 1961). 1971 wurde Revelli Direktor Emeritus des Universitätsorchesters Michigan. Als Lehrer und großer Befürworter der „bands" innerhalb des U.S. akademischen Systems setzte er die Tradition von P. Fillmore und Albert Austin Harding fort.[105]

William D. Revelli wollte die „concert band" als ein ernsthaftes Orchester etablieren. Schon in den frühen 1952er Jahren schrieb er Folgendes:

„ [...] if we are to restrict the use of the alto, bass and contrabass clarinets to such an extent that these instruments are either non-existent or used in such meager numbers that they fail to contribute effectively to the general performance, then our bands will remain static, and limited in tonal color and flexibility."[106]

Revellis Vorschlag für einen "balanced clarinet choir" lehnt sich an Alfred Reeds Vergleich mit dem Streich-Chor innerhalb des symphonischen Orchesters an. Für **16 B-Klarinetten** schlägt er *4 Alt-, 4 Bass-, und 2 Kontra-Bassklarinetten* vor. Um **20 B-Klarinetten** im Verhältnis auszugleichen, besetzt Revelli *6 Alt-, 6 Bass- und 3 Kontra-Bassklarinetten*. Wenn **24 B-Klarinetten** besetzt sind, schlägt er *8 Alt-, 8 Bass-, und 4 Kontra-Bassklarinetten* vor.

W. Revelli sieht die Besetzung der Alt- und Bassklarinetten in einem bestimmten Verhältnis zu den B-Klarinetten:

---

[105] Nicolas Slonimsky/Laura Kuhn (Hg.), Baker´s Biographical Dictionary of Musicians, New York 2001, S. 2970.

[106] vgl. George D. Stirrat, a. a. O., S. 73.

„ […] the number of alto and bass clarinets should be equal and should increase by two as the B-flat soprano clarinets are increased by four. The contrabass clarinets should be one-half the number of alto or bass clarinets."[107]

Revellis Anstrengungen, den Klarinetten-Chor als „basic choir" innerhalb des amerikanischen Konzert Orchesters zu etablieren, war für die Entwicklung des Klarinetten-Chors, vor allem in den 1960er Jahren, sehr bedeutsam.

Die Probleme der Orchester Instrumentation zeigte 1928 John Redfield wissenschaftlich als Professor für Physik an der „Columbia University" in seinem Buch „Music: Science and an Art" auf.

„It is as lacking in balance as would be a symphony orchestra having first and second violins and brass only."[108]

Auch Redfield vertrat die Meinung, beispielsweise wie W. Revelli oder A. Reed, dass die Klarinettenfamilie die gleiche Ausgewogenheit bzw. Funktion innehaben sollte wie die Streichinstrumente im Symphonie Orchester:

„What should be done, of course, is to include alto, bass and contrabass clarinets in the band in about the same rations that the violas, `cellos, and string basses bear to the violins of the orchestra. The clarinet choir should posses the same balance between its soprano, alto, tenor, bass and contrabass voices, as does the string choir of the orchestra. Without this

---

[107] vgl. William D. Revelli, „The Balanced Clarinet Choir", in: The Instrumentalist, Vol. 7, November-December, 1952, S. 14-15.

[108] John Redfield, Music. A Science and an Art, New York 1928, S. 299.

tonal balance in the band´s principal choir can be no symphonie band; with it there can."[109]

Um diese oben angesprochene Ausgewogenheit innerhalb der "concert band" zu erreichen, schlägt Redfield, vergleichend wieder mit dem „string choir", folgende Besetzung vor:

zwölf 1. B-Klarinetten, zwölf 2. B-Klarinetten, 8 Bassetthörner oder Es-Alt-Klarinetten, 8 B-Bassklarinetten, 6 Es-Kontra-Alt-Klarinetten.[110]

Bedeutsam für die Entfaltung eines Original-Repertoires und einer Standard-Instrumentation für die „concert band" wurden schließlich auch verschiedene Verbände, von denen zwei hervorgehoben seien:

1929 wurde die „American Bandmaster Association" (ABA) ins Leben gerufen und 1941 gründete William D. Revelli die „College Band Directors National Association" (CBDNA), welche unter anderem Kompositionsaufträge originaler Blasmusik an solche Komponisten erteilte, die bereits auf anderen Gebieten der Musik einen Namen hatten, darunter beispielsweise E. Krenek und M. Davidovsky.[111]

Die Fakten zeigen, dass diese Emanzipation des Klarinetten-Chors innerhalb der „American concert band" für die Entwicklung des Klarinetten-Chors als eigenständiges Ensemble von großer Bedeutung war. Aber erst in den 1960er Jahren entstand vor allem durch das Engagement von

---

[109] Ebda, S. 299.

[110] Ebda, S. 300.

[111] R. F. Camus, Art. „Bands", in: The New Grove Dictionary of American Music, Bd. 1, hg. von H. W. Hitchcock und S. Sadie, London 1986, S. 127-137.

Russel Howland und James De Jesu[112] sowie der vielen Arrangeure eine gültige Standard-Instrumentation wie folgt:

Es-Klarinette, erste, zweite, dritte Klarinette in B, Alt-Klarinette in Es, Bassklarinette in B, Kontra-Bassklarinette (entweder in B oder Es).[113]

Kombiniert man Klarinetten zu einem Chor, so kommt jeder Stimme eine wichtige Funktion zu. Vergleicht man den Klarinetten-Chor wieder mit dem „Streich-Chor", so ist darin auch die gleiche Flexibilität zu finden.

Damit ein wirklich ausgewogener und homogener Klang erzielt werden kann, sind durchaus auch die Größe und die Besetzung des Klarinetten-Chors relevant. In seinem Aufsatz von 1963, „The Clarinet Choir of Yesterday and Today", schreibt Richard K. Weerts[114] zur Besetzung eines Klarinetten-Chors Folgendes:

„The clarinet choir, in its most basic form, can consist of three Bb, one alto, and one bass clarinet. This combination can be expanded to a more fully balanced choir comprised of three first Bb clarinets (one double on Eb soprano clarinet), three second Bb clarinets, three third Bb clarinets, three alto clarinets, three bass clarinets, one Eb contra-alto clarinet and one Bb contrabass clarinet."[115]

---

[112] vgl. dazu Kapitel 1 „Die Entwicklung des Klarinetten-Chors".

[113] Hervorhebung durch den Autor; vgl. dazu auch N. Heim, a. a. O., S. 109-120.

[114] Richard K. Weerts war "Professor of music and chairman of the instrumental Music Comittee at Northeast Missouri State College in Kirksville"; vgl. dazu "Biographies", in: Woodwind Anthology. A Compendium of Woodwind Articles from The Instrumentalist [o. Hg.], a. a. O., S. 1432.

[115] R. K. Weerts, a. a. O., S. 833.

Besetzt sein sollten, schreibt Weerts, die Es-Sopran-Klarinette, B-Klarinette, Es-Alt-Klarinette, Bass-Klarinette, Es-Kontrabass-Klarinette und
B-Kontra-Bassklarinette. Um einen wirklich homogenen und symphonischen Klang zu erreichen, sollten die Es-Sopran- und die Kontrabass-
Stimme (manchmal als „Kontra-Alt" angegeben) auf jeden Fall besetzt
sein. Idealerweise sollte für die Es-Klarinette eine eigene Stimme komponiert sein und nicht von der 1. B-Klarinette verdoppelt werden. Auch
die zwei Kontrabass-Stimmen sind als eigenständige Parts zu behandeln
und dürfen keineswegs von der Bassklarinette verdoppelt werden. Was
die As-Sopranino-Klarinette und das Bassetthorn angeht, so werden
diese Stimmen von manchen Komponisten optional beigegeben.[116]

Lucien Cailliet, einer der großen Arrangeure für Klarinetten-Chor, besetzt in seinen Werken gerne die As-Klarinette (klingt in der Lage des
Piccolos), das Bassetthorn und die Kontra-Alt-Klarinette in Es. So erreicht er einen Tonumfang von über 6 Oktaven. Würde er auch die Sub-
Kontra-Bassklarinette besetzen, so erreichte er einen größeren Umfang
(7 ½ Oktaven) als ein Orchester.[117]

Ein weiterer Vertreter der As-Klarinette ist der Klarinetten-Chor Pionier
Harvey Hermann von der Universität Illinois. Er leitete von 1964 bis
1981 den Klarinetten-Chor an oben genannter Institution. Er teilte dem
Verfasser in einem Brief Folgendes zur Besetzung mit:

---

[116] Ebda, S. 833.
[117] vgl. dazu G. D. Stirrat a. a. O., S. 71–72.

„The complete Clarinet Choir from As-Sopranino down to the Bb-Con-
trabass spans the entire range of the Piano Keyboard. Giving the Ensemble great flexebility of range and a wide range of volumn in all Registers."[118]

Was die Es-Klarinette betrifft, so ist sie heutzutage in den Kompositionen und Arrangements nicht mehr wegzudenken. Nur mehr vereinzelt ist
ihr Part optional beigegeben, und in den meisten Fällen wird sie eigen-
ständig behandelt. (John B. Morgan erwähnt in seiner Diplomarbeit, dass
in den 60er Jahren des vorigen Jahrhunderts, die Es-Klarinette vorwiegend optional besetzt war.)[119] Beim Arrangieren für dieses sehr flexible
Instrument sollte aber unbedingt darauf Rücksicht genommen werden,
dass es charakteristisch eingesetzt wird und die technischen Passagen
auch zu bewältigen sind. Diese meistens sehr anspruchsvolle Stimme
sollte mit einem versierten Es-Klarinettisten besetzt sein, denn ansonsten
besteht die Gefahr, dass zu große Intonationsprobleme auftreten.

Die Besetzung der Alt-Klarinette in den Klarinetten-Chor Werken ist
heutzutage kein Thema mehr. Sie ist in allen Arrangements und Originalkompositionen vertreten. Dies ist nicht zuletzt darauf zurückzuführen,
da sich schon in den 1950er und 60er Jahren der „basic choir" in den
amerikanischen Konzert Orchestern etabliert hat.[120] Norman Rost, einer
der Klarinetten-Chor Pioniere, schreibt über die Besetzung der Alt-Klarinette:

---

[118] Harvey Herman: persönlicher Brief (Fragebogen) an den Autor vom
29.02.2004.

[119] J. B. Morgan, a. a. O., S. 52.

[120] vgl. dazu W. D. Revelli, The Balanced Clarinet Choir, a. a. O., S. 14-15.

„I am convinced, however, that the alto clarinet provides a definite colour which can be most valuable if used correctly. In fact, the clarinet choir and quartet cannot be complete without this instrument... The placing of the alto clarinet on the third part eliminates the need for unnatural adjustments since the part falls a fith higher on the instrument, placing it in a more brilliant register, and since the tonal color blends better in that voice than does the sopran clarinet."[121]

In diesem Zusammenhang können wir festhalten, dass die Besetzung der Alt-Klarinette dem Klarinetten-Chor eine größere Ausgewogenheit verleiht und die Tonqualität durch den interessanteren Farbenreichtum wesentlich verbessert.

Der Autor möchte an dieser Stelle die Besetzungsliste des Internationalen Klarinetten-Chors bei der Mid-Europe 1999 unter der künstlerischen Leitung von Eugen Brixel und Franz Cibulka anführen, da dabei auch das Werk „Clariphonic" von Cibulka in der Fassung für Klarinetten-Chor zur Uraufführung gelangte: *1 Es-Klarinette, 16 B-Klarinetten, 1 Bassetthorn, 1 Alt-Klarinette, 3 Bassklarinetten, 1 Kontra-Alt-Klarinette, 1 Kontrabass.* Zusätzlich wirkte bei der Uraufführung die „vienna clarinet connection" in der Besetzung von zwei B-Klarinetten, zwei Bassetthörner und einer Bass-Klarinette mit.[122]

Eine sehr gute Übersicht über Besetzung und Aufstellung eines Klarinetten-Chors bieten die Aufsätze von Norman Heim. Er bezieht im Allgemeinen die Größe des Klarinetten-Chors auf Kammermusikbesetzung

---

[121] vgl. N. Rost, Place of the Alto Clarinet in the Clarinet Choir, in: The Instrumentalist, Vol. 13, March 1954, S. 34.

[122] Auch der Autor wirkte bei diesem Konzert am 16. Juli 1999 mit.

mit je einer Person auf einer Stimme oder bestehend aus folgender Besetzung: 1 Es-Klarinette, 2-3 Spieler an jeder der 3 B-Klarinetten, jeweils 1 Alt-und Bassklarinette und eventuell 1 Kontra-Bassklarinette. Große Besetzungen mit etwa 30-50 Spielern, schreibt Heim, sind eher ungewöhnlich und nur an ein paar Universitäten in den USA zu finden (z.b. am Lebanon Valley College).[123]

Bei Mehrfachbesetzung einer Stimme ist in Hinsicht auf einen homogenen Klang größte Vorsicht geboten. Johann Mösenbichler meint in seinem Artikel zum Thema Klangarbeit: „Aus physikalischer Sicht ist die Aufteilung der Stimmen innerhalb eines mehrstimmigen Registers von essenzieller Bedeutung für den Gesamtklang."[124]

Grundsätzlich sind die ersten Stimmen und die Kontrabass-Stimmen, im Vergleich zu den mittleren Stimmen nicht so dominant zu besetzen wie das mittlere Register, sprich die 2. und 3. Klarinette in B, die Alt- und die Bassklarinette.

Über die Stimmenaufteilung innerhalb des Blasorchesters meint wiederum Mösenbichler: „Nur eine intelligente und ausgewogene Stimmenaufteilung innerhalb eines Registers schafft die Voraussetzung für eine physikalisch tragfähige Klangbasis."[125]

---

[123] vgl. N. Heim, a. a. O., S. 112.

[124] vgl. J. Mösenbichler, Intelligente Sitzordnung. Überlegungen und Erfahrungen zum Thema Klangarbeit (2), in: clarino.print, 2. Jg., Heft 2, Februar 2004, S. 14.

[125] Ebda.

Nachstehend führe ich als Beispiel die Besetzung des „All-Eastern High School Clarinet Choir" im Jahre 1979 an:

1 Es Klarinette, acht 1. B-Klarinetten, neun 2. B-Klarinetten, elf 3. B-Klarinetten, 10 Alt-Klarinetten, 6 Bassklarinetten, vier Es-Kontra-Alt-Klarinetten.[126]

Wie groß nun die Besetzung eines Klarinetten-Chors wirklich sein soll, hängt natürlich auch vom Werk ab, das gespielt wird, was auch die Aussage von Thomas A. Ayres untermauert:

„In speaking of the clarinet choir, I refer to any ensemble of clarinets numbering five or more, at least one of which is of bass range. One of the points I wish to emphasize most strongly is that, in my opinion, there is no instrumentation for all clarinet choirs. The best instrumentation largely depends upon the work to be played."[127]

Wie oben schon erwähnt, gibt es seit den 1960er Jahren eine gültige Standard-Instrumentation, doch kann das Bassetthorn die Alt-Klarinette wesentlich unterstützen und dadurch ein homogenerer Klang erzielt werden. Norman Heim führt als Grund den im Clarin- und Altissimo-Register gleich bleibenden Klang des Bassetthorns an. Ist die Besetzung des Bas-

---

[126] vgl. N. Heim, The Clarinet Choir Phenomenon, in: Woodwind Anthology, A compendium of Woodwind Articles from "The Instrumentalist", Vol. 2, S. 952.

[127] vgl. Thomas A. Ayres, Arranging for the Clarinet Choir, in: The Instrumentalist, Vol. 11, January 1957, S. 26.

setthorns nicht möglich, so kann auf der Alt-Klarinette durch die Verbreiterung der Mundstückskammer und die Verwendung von Es-Alt Saxophon Blättern in allen drei Registern ein vollerer Ton erzielt werden.[128]

Die Entscheidung, ob man die Kontra-Alt- oder die Kontra-B-Klarinette besetzt, liegt beim künstlerischen Leiter. Es gilt aber festzuhalten, dass sich in Amerika, wo der Klarinetten-Chor seine Wurzeln hat, durchwegs die Kontra-Alt-Klarinette durchgesetzt hat. Wie Thomas Ayres meint, erklärt sich das daraus, dass sie technisch flexibler ist und mehr Resonanztöne als die Kontra-B-Klarinette hat. Ein weiteres Faktum ist, dass die tiefen Töne der B-Kontra-Bassklarinette starke 3. und 5. Teiltöne haben und dadurch der Grundton nicht so hörbar ist. Entscheidend ist aber, dass eine Kontra-Bassklarinette besetzt ist.[129]

Norman Heim meint in diesem Zusammenhang, dass sich die Kontra-Alt-Klarinette einfacher bedienen lässt und, was ja sicherlich nicht unwesentlich ist, sie braucht grundsätzlich weniger Reparaturen.[130]

Heutzutage kann man davon ausgehen, dass bei größeren Klarinetten-Chor Werken beide Stimmen vorliegen. Beim Arrangieren und Komponieren für Klarinetten-Chor sollte wiederum das gesamte Klangspektrum der Kontra-Bassklarinette ausgenützt werden.

Im Zusammenhang mit der Rezeption des Werkes spielt die Aufstellung des Ensembles eine immense Rolle. Das klangliche Erlebnis kann

---

[128] N. Heim, a. a. O., S. 952.

[129] T. Ayres, a. a. O., S. 26.

[130] Norman Heim, a. a. O., S. 952.

dadurch wesentlich beeinflusst werden. Zwei Faktoren sind entscheidend: 1. Die Sitzordnung sollte so gewählt werden, dass das aufzuführende Werk mit optimaler Klangbalance aufgeführt werden kann. 2. Die Komposition oder das Arrangement sollte dem Klarinetten-Chor entsprechen.

Da natürlich Klang immer mit Spannung und Entspannung zu tun hat, gilt auch hier das gleiche wie für den Orchesterklang. Der Klang des Klarinetten-Chors resultiert nicht nur aus dem reinen Instrumentenklang, sondern inkludiert auch die Parameter Balance und Dynamik.[131]

Das größte Problem in Bezug auf die Sitzordnung liegt sicherlich darin, dass die Zuhörer durch unterschiedliche Richtungen die Aufführung wahrnehmen. Dadurch nimmt auch jeder einzelne Zuhörer individuell den Klang des Ensembles auf. In den meisten Fällen sitzt das Auditorium in einer Richtung vor der Gruppe. Das Orchester hat aber auch die Möglichkeit, die Richtung der Klangwahrnehmung für den Zuhörer vorzugeben. Dabei sollte die Sitzordnung des Klarinetten-Chors so gewählt werden, dass möglichst jeder Rezipient eine optimale Klangpräsenz erfährt.

Grundsätzlich können wir aber festhalten, dass es keine hundertprozentige Sitzordnung gibt, da jeder Konzertsaal eine unterschiedliche Akustik aufweist. Häufig sind es auch äußere Faktoren, wie beispielsweise die Bühnengröße, die eine optimale Aufstellung nicht zulassen. Es wird daher notwendig sein, den Sitzplan des Ensembles auf die gegebenen Umstände abzuändern.

---

[131] vgl. J. Mösenbichler, Der gute Ton macht die Musik. Überlegungen und Erfahrungen zum Thema Klangarbeit (1), in: clarino.print, 2. Jg., Heft 1, Februar 2004, S. 19.

Bevor ein Sitzplan also aufgestellt wird, sollte auch die Größe des Ensembles feststehen. Dabei können schwächere Register bei sorgfältiger Planung des Dirigenten auch dementsprechend platziert werden, so dass es vom restlichen Ensemble gut ausgeglichen wird. In diesem Zusammenhang empfiehlt der Verfasser, dass die Es-Klarinetten- und die Kontra-Bassklarinetten-Stimmen nicht doppelt besetzt werden, da diese Instrumente Solo-Parts spielen.[132] Jedoch gibt es durchaus einige Chöre, die diese Stimmen aufgrund ihrer überproportionalen Größe verdoppeln. Es gilt hier aber darauf hinzuweisen, dass durch die Übergröße eines Klarinetten-Chors nicht immer der beste Klang erzielt wird. Im Hinblick auf die Sitzordnung und Akustik sollte der Dirigent nach Einbeziehung aller wichtigen Faktoren die bestmögliche Anordnung der Instrumente vornehmen.

Nachstehend bringe ich einige interessante und vor allem bewährte Sitzordnungen, die für Dirigenten von Klarinetten-Chören eine Hilfestellung bringen sollen. Vorgeschlagen wurden diese Sitzpläne von renommierten Dirigenten und Professoren, die auf diesem Gebiet langjährige Erfahrung haben.[133]

William H. Stubbins, ehemaliger Klarinetten-Professor an der Universität von Michigan und Klarinetten-Chor-Pionier, führt hier drei Sitzordnungen unterschiedlicher Größe an.[134]

---

[132] Das Problem der Instrumentation wird am Anfang des Kapitels besprochen.

[133] vgl. J. Morgan, a. a. O., S. 60ff.

[134] W. H. Stubbins führte in Bezug auf die Sitzordnung diverse Experimente mit seinen Klarinetten-Chor Studenten an der Universität von Michigan durch; vgl. ebda.

1. Der kleine Klarinetten-Chor

Diese Gruppe ist lediglich mit sieben bis acht Musikern besetzt. Falls nicht zwei gleichwertige Bass-Klarinettisten zur Verfügung stehen, ist die Verdoppelung der Bassklarinette hier nicht unbedingt notwendig. Für den „kleinen Chor" sind nach William Stubbins zwei spezielle Sitzordnungen möglich. Die so genannte „Streich-Quartett" Sitzordnung (siehe Abb. 4) erscheint in dieser Untersuchung die bessere Variante für eine kleine Klarinetten-Chor Gruppe zu sein:

Zwei 1. B-Klarinetten, zwei 2. B-Klarinetten, 2 Alt- und 1 oder 2 Bassklarinetten. Diese Sitzordnung hat zwei besondere Vorteile: 1. Die Musiker, die meistens zusammen spielen, sitzen gegenüber - der Klang konzentriert sich auf die Mitte und verliert sich nicht im Raum.

2. Die kritischen Stimmen der Alt- und 3. Klarinette sind an der Außenseite positioniert.

A 1. B-Klarinette B 2. B-Klarinette C Alt- oder 3. B-Klarinette
D Bassklarinette

Abbildung 4: Steichquartett Sitzplan

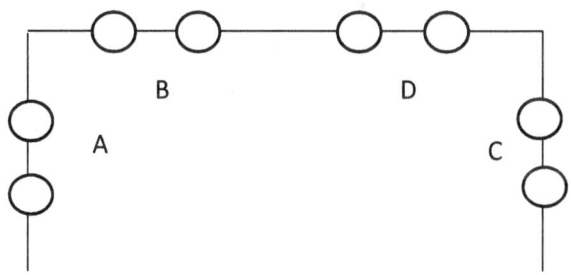

Der zweite Sitzplan, den W. Stubbins vorschlägt, ist in Form einer Or-chester-Sitzordnung. Die Alt- und Bassklarinetten sind hier austausch-bar, ohne dass sich Grundlegendes ändert.

A 1. B-Klarinette B 2. B-Klarinette C Alt- oder 3. B-Klarinette
D Bassklarinette

Abbildung 5: Orchester Sitzplan

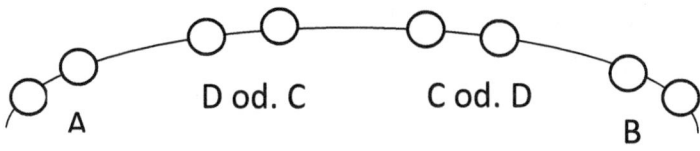

2. Der „mittlere" Klarinetten-Chor

Der mittelgroße Klarinetten-Chor besteht aus den acht Musikern des kleinen Chors mit je einem zusätzlichen Klarinettisten an der B- und Bassklarinette (Bei dieser Besetzungsform sollten jedoch mindestens 2 Bassklarinettisten sein). Neu besetzt ist die 3. B-Klarinette (dreifach) und, wenn vorgeschrieben, auch die Es- und die Kontra-Bassklarinette. Die beste Sitzordnung für diese Besetzung findet man in Form einer Pyramide.

A 1. ES-Klarinette B 1. B-Klarinette C 2. B-Klarinette
D Alt- oder 3. B-Klarinette E Bassklarinette F Kontrabassklarinette

Abbildung 6: Sitzordnung in Form einer Pyramide

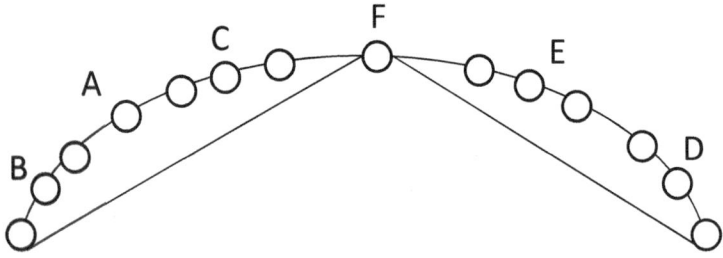

Eine weitere Möglichkeit zeigt uns Don McCathren. Bei dieser Sitzordnung sind die Musiker in Halbkreisform angeordnet. Die hohen Klarinetten sitzen links vom Drigenten und steigen nach rechts tiefer ab.

Abbildung 7: Klarinettenchor des Kansas All-State Music Camp[135]

---

[135] Auf der Abbildung ist Don McCathren mit dem Klarinetten-Chor des „Kansas All-State Music Camp" im Juni 1955 zu sehen; vgl. dazu J. Morgan, a. a. O.
S. 63.

3. Der große Klarinetten-Chor

Die Idealbesetzung besteht hier aus 1 Es-Klarinette (wird besetzt falls vorgeschrieben), je 4 B-Klarinetten an jeder Stimme (insgesamt 16), 2 Alt-Klarinetten, 2 Bass- und 2 Kontra-Bassklarinetten.

Heutzutage sind durchaus viele Chöre größer besetzt, doch wissen wir auch, dass bei Mehrfachbesetzungen im Zusammenhang mit der Klangqualität und Transparenz größte Vorsicht geboten ist. Die nachstehende Skizze soll diese Sitzordnung verdeutlichen.

A Es-Klarinette   E 4. B-Klarinette

B 1. B-Klarinette   F Alt-Klarinette

C 2. B-Klarinette   G Bassklarinette

D 3. B-Klarinette   H Kontra-Bassklarinette

Abbildung 8: Der große Klarinettenchor

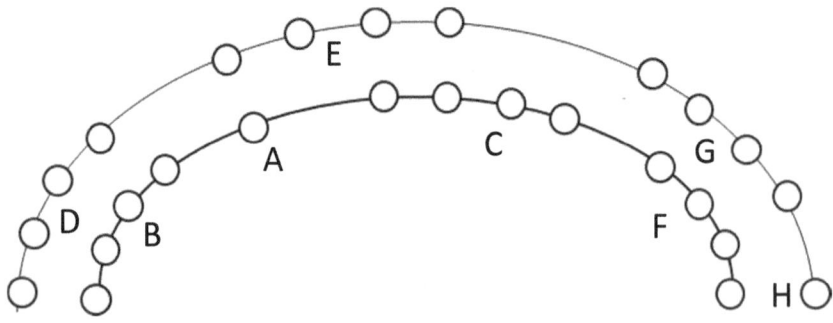

Nach Norman Heim haben sich für die normale Größe eines Klarinetten-chors (12-15 Mitglieder) zwei Sitzordnungen bewährt. Für eine konzer-tante Aufführung sollte eine Sitzordnung in Form eines Blasorchesters eingenommen werden; für Tonaufnahmen haben sich zwei oder drei Halbkreise herauskristallisiert. Besteht das Ensemble aus 20 oder 30 Mit-gliedern, kann man durchaus auch eine Blasinstrumentenaufstellung in Erwägung ziehen. Für wirklich große Aufführungen mit ca. 100 Mitglie-dern empfiehlt sich eine halbkreisförmige Sitzordnung in Form eines symphonischen Orchesters.[136]

Abbildung 9: Sitzordnung für 16 Musiker

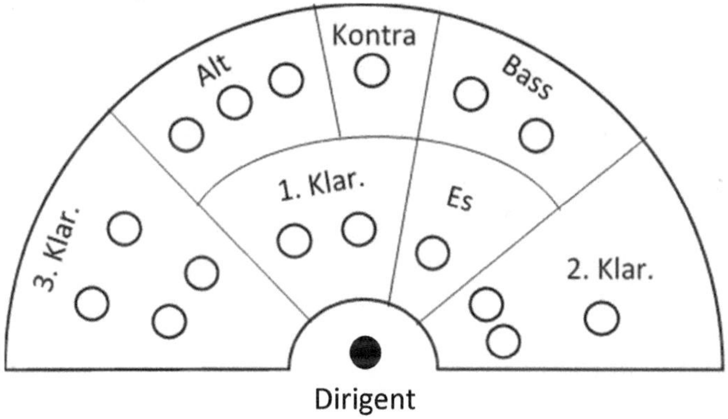

Dirigent

---

[136] Norman Heim, a. a. O., S. 952; vgl. auch ders., The Development of the Clarinet Choir in the USA, a. a. O., S. 109ff.

Abbildung 10: Sitzordnung für 49 Musiker

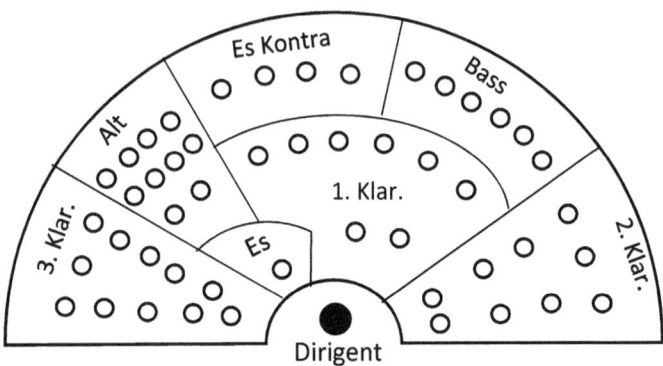

Dirigent

Wie wir gehört haben, stellt sich die Sitzordnung des Klarinetten-Chors für den Dirigenten nicht unproblematisch dar. Zusammenfassend können wir festhalten, dass dabei auf die Klangbalance strengstens zu achten ist. Einerseits kann durch eine inadäquate Aufstellung die Performance wesentlich beeinträchtigt werden, andererseits kann durch eine entsprechende Sitzordnung die Aufführung zu einem musikalischen Erlebnis für Ausführende und Zuhörer werden. Faktum ist aber auch, dass es keine optimale Aufstellung gibt. Bemühungen um ein ideales Klangbild sind aber stets von Erfolg gekrönt.

3 Gattungsgeschichtliche Zusammenhänge

3.1 Der Klarinetten-Chor als Gattung?

Dieser Abbschnitt ist bewusst als Frage formuliert und soll im Anschluss einer Klärung unterzogen werden. Dafür ist es aber notwendig, dass wir anfangs Kriterien für die Bestimmung von musikalischen Gattungen festlegen.

Viele namhafte Musiktheoretiker setzten sich bereits mit der Frage nach den musikalischen Gattungen und ihrem sozialen Hintergrund auseinander. Bis jetzt ist es aber nur ansatzweise gelungen, einheitliche Kriterien zur Klassifikation von Musik in einzelnen Gattungen aufzustellen.

Walter Wiora nennt in diesem Zusammenhang als Ansatzpunke leitende Ideen, die Kristallisation zu Modellen, aber auch über lange Zeit bestehende Typen.[137] Wolfgang Suppan meint in seinem Artikel „Das Klarinetten-Duett", dass die „frühe Fassbarkeit des ‚Spiels zu zweit' und sein primärer menschlicher Gebrauchswert eine zeitlich und räumlich weitausgreifende ‚leitende Idee' konstituieren, die in den verschiedenen Kulturen dieser Erde zu modellhaften Spezialisierungen geführt hat."[138] Carl Dahlhaus spricht von gemeinsamen Merkmalen, von der Funktion sowie vom Text- oder vom Besetzungstypus, durch welche Werke miteinander verbunden sind. Diese Kriterien sind zwar notwendig, führt Dahlhaus weiter aus, doch genügen sie nicht, um Zusammenschlüsse zu Gattungen

---

[137] vgl. Walter Wiora, Methodik der Musikwissenschaft, in: Enzyklopädie der geisteswissenschaftlichen Arbeitsmethoden, München/Wien 1970, S. 128.

[138] Wolfgang Suppan, Das Klarinetten-Duett, in: Festschrift zum 65. Geburtstag von Ludwig Finscher, Kassel u. a. 1995, S. 289ff.

zu erreichen. Sie stehen aber andererseits auch nicht isoliert nebeneinander: warmelin„Die Gattungen einer Epoche bilden, pointiert ausgedrückt, ein System, das sowohl hierarchisch als auch durch Ähnlichkeiten und Kontraste gegliedert ist."[139] Vom Streichquintett meint Dahlhaus, dass es deshalb keine eigene Gattung ist, weil die einzelnen Quintette nicht aufeinander, sondern jeweils auf die Quartette desselben Komponisten bezogen seien.[140]

Der Klarinetten-Chor (Besetzung: Es-Klarinette, 1.-3. B-Klarinette, Bassklarinette, Kontra-Bassklarinette) erfüllt durchaus einige dieser Anforderungen an Gattungen, und es steckt auch zweifellos eine leitende Idee dahinter. Tatsache ist auch, dass er eine wesentliche soziale Funktion erfüllt und dass wir mittlerweile, wie wir schon gehört haben, auch einen festen Besetzungstypus haben, durch den die Werke miteinander verbunden sind. Seit seinen Anfängen in den 1920er Jahren zeigt der Klarinetten-Chor ihm eigene, nämlich von der technischen Entwicklung, vom Klang und von der Spieltechnik des Instruments bestimmte Merkmale, sozialgeschichtlich den mit seiner Entwicklungsgeschichte verbundenen high school und college bands sowie den amerikanischen Konzertorchestern zugeordnet. „Dass Werke durch gemeinsame Merkmale, durch ihre Funktion, ihren Text oder ihren Besetzungstypus miteinander verbunden sind", so schreibt Dahlhaus, „ist eine notwendige, aber

---

[139] Carl Dahlhaus, Zur Problematik der musikalischen Gattungen im 19. Jahrhundert, in: Gattungen der Musik in Einzeldarstellungen. Gedenkschrift Leo Schrade, hg. von Wulf Arlt u. a., Bern/München 1973, S. 840-895, Zitat S. 851.

[140] Ebda, S. 842; vgl. dazu Hermann Danuser, Funktions- und Gattungswandel, in: Die Musik des 20. Jahrhunderts, (Neues Handbuch der Musikwissenschaft) Bd. 7, hg. von Carl Dahlhaus, Laaber 1984, S. 166-194.

keine genügende Bedingung dafür, dass sie sich zu einer Gattung zusammenschließen."[141]

George Waln, der zu den Pionieren der Klarinetten-Chor Bewegung gehört, schreibt 1955 im „Instrumentalist" über die Funktion des Klarinetten-Chors Folgendes:

"Aside from the effectiveness of the clarinet choir as a concert ensemble, it has genuine value as a training group for the individual players. The values of the small ensemble in developing tonal concept, careful listening, good intonation and phrasing are all present in the clarinet choir. It is an excellent training group for improving the concert band."[142]

Norman Heim meint in diesem Zusammenhang:

„ [...] first, strictly as a training group for the clarinet section of the band; and second, as a performing group, separate from the band, with it's own programs and repertoire. This author feels that the most meaningful approach would be a combination of both the training and performing philosophies: thus, the student receives the benefit of playing in a smaller chamber group, but at the same time the group serves as a teaching laboratory for the band clarinet section."[143]

---

[141] Ebda, S. 842.

[142] vgl. George Waln, The clarinet Choir, It's Functions and Values, in: The Instrumentalist, November 1955, S. 30.

[143] vgl. Norman Heim, The Clarinet Choir, Purpose and Literature, in: Wood World Brass, April 1975, S. 8.

Die Kontra-Bassklarinette taucht in den amerikanischen Orchestern 1930 das erste Mal auf.[144] Aber erst in den frühen 1950er Jahren wurde die gesamte Klarinettenfamilie in den Konzert- und in den vielen Schulorchestern besetzt, was in Folge die „Goldene Ära" für die Klarinetten-Chor Bewegung in Amerika bedeuten sollte:

„A golden era was soon to dawn for the clarinet choir, stimulated by music educators seeking to improve their clarinet sections."[145]

Mit dem Auftreten der gesamten Klarinettenfamilie ist demnach von Anfang an das „Klarinetten-Chor-Spiel" verbunden. Ursprüngliche Intention der Wegbereiter war es, das Niveau der amerikanischen Konzertorchester durch das Ensemblespiel zu heben. Durch die Schaffung eines eigenen Repertoires nach den Anfängen in den 1920er Jahren[146] trat der Klarinetten-Chor in den 1950er Jahren, vor allem in den Colleges und Universitäten in den USA, als eigenständiges Ensemble hervor.

Das Klarinetten-Chor-Musizieren verwirklichte sich anfänglich hauptsächlich in Form von Bearbeitungen. Wichtige Musikliteratur des 17., 18. und 19. Jahrhunderts, wurde dafür herangezogen.

Mit der Schaffung eines eigenen Repertoires in den frühen 1950er Jahren (siehe Kap. 1) und mit der Herauskristallisierung eines eigenen Besetzungstypus, könnte man annehmen, dass für die Zeit seit ca. 1950, wir von einer Gattung „Klarinetten-Chor" sprechen könnten; doch stehen vor

---

[144] Die University of Illinois Band besetzte die Kontrabass-Klarinette das erste-Mal 1930; vgl. dazu George D. Stirrat, a. a. O., S. 44-46; vgl. auch Raoul F. Camus, a. a. O., S. 4-8.

[145] John Morgan, a. a. O., S. 767-769.

[146] vgl. dazu Kap. 1.2 „Frühe Klarinetten-Ensembles".

allem die Funktion und pädagogische Merkmale im Vordergrund und es genügt keineswegs „ [...] die Wiederkehr eines Namens, um musikalische Werke zu einer Gattung zusammenzuschließen, deren Geschichte man schreiben kann."[147]

Dahlhaus spricht auch davon, dass „ [...] eine Besetzung nur dann ein Gattungskriterium sei, wenn sie wie das Streichquartett und die Triosonate, einen satztechnischen Typus repräsentiert."[148]

Da sich unter den Kompositionen die verschiedensten Gattungen finden lassen, erscheint es hier schwierig, die stilistisch-kompositionstechnischen Merkmale zu verallgemeinern. Sich über die Kristallisation zu Modellen Gedanken zu machen ist in diesem Zusammenhang unwesentlich, da es doch nicht um die Geschichte jener Gattungen geht, denen etwaige Werke angehören, sondern um die Frage, wie weit beim Klarinetten-Chor selbst von einer Gattung gesprochen werden kann.

Es erscheint mir hier Walter Wioras Vorschlag plausibel, jene „ [...] Arten musikalischer Gebilde", die „ [...] spezieller als Gattungen, aber genereller als individuelle Musikstücke" erscheinen, als „Typen" zu benennen.[149] Der Klarinetten-Chor wäre also in diesem Sinne höchstens ein Typus der Gattung „Bläserkammermusik."

---

[147] Carl Dahlhaus, a. a. O., S. 840.

[148] Ebda, S. 846.

[149] Walter Wiora, a. a. O., S. 128.

Diese offene Begriffsbestimmung erscheint mir insofern angemessen da, wie Wolfgang Suppan meint, „ […] eine Vielzahl von Gattungs- und Typenvarianten in beständigen Übergängen und Mischungen existiert."[150]

---

[150] Wolfgang Suppan, Das Klarinetten-Duett, in: Festschrift zum 65. Geburtstag von Ludwig Finscher, Kassel u. a. 1995, S. 289-297.

4 Schlussbemerkung

Die Fakten belegen, dass zu Beginn der Klarinetten-Chor Bewegung in den 1950er Jahren pädagogische Überlegungen, vor allem in den USA, für Gründungen von Klarinetten-Chören im Vordergrund standen.[151]

Im Zusammenhang mit der Funktionalität und Entwicklung der Klarinetten-Chöre in den USA und Japan sind die Darlegungen von Alfred Reed sehr aufschlussreich:

"I would say that this type of performing organization exists largely in the educational area: schools, colleges and universities, much the same as in the U.S. But there are one or two professional organizations which play a few public concerts each year ..."[152]

„Smaller clarinet groups are an important part of the music education system both in Japan and the U.S.: i.e. trios, quartets, quintets, etc., and the larger clarinet choir such as the ones mentioned above has been developing during the past 35 years in both countries, both in the schools and as an amateur group for private performance and enjoyment."[153]

Zusammenfassend können wir festhalten, dass die Klarinetten-Chor Bewegung in den USA hauptsächlich im Bildungsbereich existiert. In Europa gründete sich der erste Klarinetten-Chor im November 1970 in Großbritannien. Der „Ionian Clarinet Choir" wurde in „Whetstone" - innerhalb des Londoner Stadtbezirkes „Barnet" - vom Musikdirektor Roy

---

[151] vgl. Raoul F. Camus, a. a. O., S. 41.

[152] Alfred Reed, a. a. O.

[153] Ebda.

Upton Holder initiiert.[154] Im übrigen Europa etablierten sich die ersten Klarinetten-Chöre erst in den 1980er Jahren in Belgien und Holland. In diesen Ländern nimmt der Klarinetten-Chor bereits einen festen Platz in der Musiklandschaft ein.

Der zukünftige Erfolg der Klarinetten-Chöre - gesehen als eigenständige Konzert-Ensembles - wird sicherlich nicht zuletzt davon abhängen, ob auch ausreichend qualitätsvolle Originalliteratur von den Komponisten geschrieben und den Verlagen ferner publiziert wird. Die vielen Klang- und Besetzungsmöglichkeiten, die der Klarinetten-Chor bietet, lassen aber für die Zukunft durchaus hoffen, dass nicht nur auf der Ebene des Bildungsbereiches Klarinetten-Chöre entstehen, sondern auch eigenständige Ensembles hervortreten werden.

---

[154] vgl. Norman Heim, a. a. O., S. 6.

5 Literatur

Abramson, A. R., A better Use of the Clarinet Choir, in: Woodwind Anthology. A Compendium of Woodwind Articles from The Instrumentalist [o. Hg.], Vol. 2, Northfield, Ill. 1986, S. 748-749.

Abravanel, Cl., The Simeon Bellison Archives at the Jerusalem Rubin Academy of Music and Dance, A Catalogue, Jerusalem 1993.

Adorno, Th. W., Philosophie der neuen Musik, Frankfurt 1997.

Adorno, Th. W., Einleitung in die Musiksoziologie, in: Gesammelte Schriften 14, 2. Auflage, Frankfurt/Main 1980.

Ayres, T. A., Arranging for the Clarinet Choir, in: Woodwind Anthology. A Compendium of Woodwind Articles from The Instrumentalist [o. Hg.], Vol. 2, Northfield, Ill. 1986, S. 691-693.

Baines, A., Woodwinds Instruments and Their History, New York 1991.

Benade, A. H., Woodwinds. The Evolutionary Path Since 1700, in: The Galpin Society Journal, Nr. 47, März 1994, S. 63-110.

Berendt, J. E., Uhde J., Prisma der gegenwärtigen Musik. Tendenzen und Probleme des zeitgenössischen Schaffens, Hamburg 1959.

Bodendorff, W., Historie der geblasenen Musik, Buchloe 2002.

Bogart, Jr., D. Th., A History of the Clarinet as an Orchestral Instrument from Inception to full Acceptance into the Woodwind Choir, unpublished doctoral dissertation, Michigan State University, Ph.D., Michigan 1968.

Brixel, E., Klarinetten-Bibliographie I, Wilhelmshaven 1978.

Brymer, J., Die Klarinette, in: Yehudi Menuhins Musikführer (Hg.), Frankfurt am Main 1983.

Caillet, L., Clarinet Choir Literature, Kenosha, Wisconsin 1962.

Cailliet, L., The Clarinet and Clarinet Choir, Kenosha, Wisconsin 1955.

Camus, R. F., Art. „Bands", in: The New Grove Dictionary of American Music, Bd. 1, hg. von H. W. Hitchcock und S. Sadie, London 1986, S. 127-137.

Camus, R. F., Blasmusik an amerikanischen Schulen, in: Clarino Bläsermusik, 12. Jg., 11/2001, S. 10-13.

Camus, R. F, Some Nineteenth-Century Band Journals, in: Festschrift zum 60. Geburtstag von Wolfgang Suppan, Tutzing 1993, S. 336.

Chatwin, R. B., Händel and the Clarinet, in: The Galpin Society Journal, Nr. 3, März 1950, S. 3-8.

Cibulka, F., Die Klarinette in Kammermusikwerken (Duo - Quintett) steirischer Komponisten des 20. Jahrhunderts, Magister Arbeit Musikhochschule Graz 1994.

Cipolla, F. J., Hunsberger, D., (Hg.), The Wind Ensemble and its Repertoire. Essays on the Fortieth Anniversary of the Eastman Wind Ensemble, New York 1994.

Closson, E., Richard Strauss. Le Traité d`Orchestration d`Hector Berlioz (Commentaire et Adjonctions Coordonnées et Traduits), Leipzig 1909.

Cohen, A., A Study of Instrumental Ensemble Practice in Seventeenth-Century France, in: The Galpin Society Journal, Nr. 15, März 1962, S. 3-17.

Cooper, M., The Modern Age (1890-1960), London u. a. 1974.

Dahlhaus, C., Zur Problematik der musikalischen Gattungen im 19. Jahrhundert, in: Gattungen der Musik in Einzeldarstellungen. Gedenkschrift Leo Schrade, hg. von Wulf Arlt u. a., Bern/München 1973.

Dahlhaus, C., Analyse und Werturteil, in: Musikpädagogik. Forschung und Lehre, Bd. 8, hg. von Sigrid Abel-Struth, Mainz 1970.

Dahlhaus, C., Mayer, G., Musiksoziologische Reflexionen - Zur Theorie der musikalischen Gattungen, in: Dahlhaus, C., (Hg.), Neues Handbuch der Musikwissenschaft, Bd. 10, Wiesbaden 1982.

Dahlhaus, C., Zimmermann, M., (Hg.), Musik zur Sprache gebracht. Musikästhetische Texte aus drei Jahrhunderten, München 1984.

Danfelt, E. D., The Clarinet Choir. A Means of Teaching and Performing Music, unpublished doctoral dissertation, University of Rochester, 1965.

Danuser, H., Motte-Haber, H., Leopold, S., Miller, N., (Hg), Das musikalische Kunstwerk. Geschichte-Ästhetik-Theorie, Festschrift zum 60. Geburtstag von Carl Dahlhaus, Laaber 1988.

Danuser, H., (Hg.), Gattungen der Musik und ihre Klassiker (Publikationen der Hochschule für Musik und Theater Hannover, hg. von Richard Jakoby), Bd. 1, Laaber 1988.

Danuser, H., Die Musik des 20. Jahrhunderts, (Neues Handbuch der Musikwissenschaft), Bd. 7, hg. von Carl Dahlhaus, Laaber 1984.

Danuser, H., Krummacher F., (Hg.), Rezeptionsästhetik und Rezeptionsgeschichte in der Musikwissenschaft, Bd. 3, Laaber 1991.

Dullat, G., Klarinetten. Grundzüge ihrer Entwicklung, Frankfurt 2001.

Eberst, A., klarnet od A do Z, Polskie 1971.

Eliason, R. E., Oboe, Bassoons, and Bass Clarinets, made by Hartford Connecticut, Makers before 1815, in: The Galpin Society Journal, Nr. 30, Mai 1977, S. 43-51.

Fink, M., Gstrein R., Mössmer, G., (Hg.), Musica Privata. Die Rolle der Musik im privaten Leben, Festschrift zum 65. Geburtstag von Walter Salmen, Innsbruck/Neu Rum 1991.

Finscher, L., (Hg.), Die Musik in Geschichte und Gegenwart, Sachteil, Bd. 5, Kassel u. a. 1996ff.

Flotzinger, R., Geschichte der Musik in Österreich. Zum Lesen und Nachschlagen, Graz u. a. 1988.

Flum, Robert A., Jr., The Use of the Alto, Bass, and Contrabass Clarinets in selected Wind Band Compositions written between 1951 and 1972, unpublished dissertation, University of Northern Colorado, Colorado, 1985.

Gibson, Lee O., Clarinet Acoustics, Bloomington, IN 1998.

Gieseler, W., Komposition im 20.Jahrhundert. Details - Zusammenhänge, Celle 1975.

Gillespie, Jr. J. E., Solos for Unaccompanied Clarinet: An Annotated Bibliography of Published Works, Detroit 1973.

Goldman, R. F., The Wind Band. Its Literature and Technique (Reprint der Ausgabe von 1961), Westport, CT 1974.

Grass, Th., Demus D., Das Bassetthorn. Seine Entwicklung und seine Musik, 2. Aufl., Norderstedt 2004.

Harnoncourt, N., Musik als Klangrede. Wege zu einem neuen Musikverständnis, Salzburg und Wien 1982.

Heim, N., The Development of the Clarinet Choir in the U.S.A., in: Bericht über die zweite internationale Fachtagung zur Erforschung der Blasmusik, Tutzing 1977, S. 109-120 (Alta Musica 4).

Heim, N., The Clarinet Choir, in: Woodwind Anthology. A Compendium of Woodwind Articles from The Instrumentalist [o. Hg.], Vol. 2, Northfield, Ill. 1986, S. 1019-1020.

Heim, N., The Clarinet Choir Phenomenon, in: Woodwind Anthology. A Compendium of Woodwind Articles from The Instrumentalist [o. Hg.], Vol. 2, Northfield, Ill. 1986, S. 951-955.

Heim, N., (Hg.), Clarinet Choir. News International, Heft 1-7, Hyattsville, Maryland 1978-1982.

Heim, N., William Schmidt. Master Wind Composer, Manuskript, Maryland 1995, S. 1.

Herrmann, Schneider-Hildegard, Status und Funktion des Hofkapellmeisters in Wien (1848-1918), Innsbruck/Neu Rum 1981.

Hockett, V. J., The Role of the Clarinet as a Performance Ensemble with Emphasis on its Literature and History, M. A. Thesis, Northeast Missouri State College, 1972.

Hofer, A., Blasmusikforschung. Eine kritische Einführung, Darmstadt 1992.

Hofer, A., Gedanken zur Ästhetik von Blas- und Bläsermusik, in: Habla, B., (Hg.), Festschrift zum 60. Geburtstag von Wolfgang Suppan, Tutzing 1993, S. 265-273.

Hofer, A., Harmoniemusik, in: Die Musik in Geschichte und Gegenwart, hg. von Ludwig Finscher, Sachteil Bd. 4, Kassel 1996, Sp. 153-167.

Hofer, A., Was ist Harmoniemusik? Anäherungen an eine Antwort, in: Tibia 20, 1995, S. 577-585.

Höfer, M., Frühe Sololiteratur für Bassklarinette - nebst einem kurzen Abriß der Entstehungsgeschichte des Instruments, in: rohrblatt, Jg. 15, Heft 4, S. 166-170.

Holman, W. M., A Comprehensive Performance Project in Clarinet Literature with a History of the Society for the Publication of American Music 1919-1969, unpublished doctoral dissertation, University of Iowa, D.M.A. Thesis, Iowa 1977.

Honegger M., Massenkeil, G., (Hg.), Das große Lexikon der Musik, Bd. 1-8, Freiburg u. a. 1979.

Jesu, J. D., Improved Clarinet Section Via Choirs, in: Woodwind Anthology. A Compendium of Woodwind Articles from The Instrumentalist [o. Hg.], Vol.2, Northfield, Ill. 1986, S. 665.

Jooste, St., Der Beitrag der Militärmusik und der "zivilen" Blasmusik zur Kunstmusik Südafrikas im 19. Jahrhundert, in: W. Suppan und E. Brixel (Hg.), Kongreßbericht Mainz 1996, Tutzing 1998.

Jooste, St., Der dt. Einfluß auf die abendl. Blasmusik Südafrikas von 1652 bis 1902, in: W. Suppan und E. Brixel (Hg.), Kongreßbericht Oberschützen 1988/Toblach 1990, Tutzing 1992, S. 109-139.

Jordan, D. M., Alfred Reed. A Bio-Bibliography, Westport, Connecticut und London 1999.

Jost, M., Die Bedeutung der Klarinette in der Kammermusik von Johannes Brahms, Frechen 2002.

Jungheinrich, H. K., Unser Musikjahrhundert. Von Richard Strauss zu Wolfgang Rihm, Salzburg, Wien 1999.

Kalina, D. L., The Structural Development of the Bass Clarinet, unpublished doctoral dissertation, Columbia University, Ed. D., 1972.

Kalker, J. van., Die Geschichte der Klarinetten, Oberems 1997.

Klein, Lonnie, D., A comprehensive List of Literature for Clarinet Choir with Selected Analysis, unpublished doctoral dissertation, University of Illinois, Ph.D., Illinois 1993, S. 21-22.

Knaus, H., Scholz, G., Formen in der Musik. Herkunft, Analyse, Beschreibung, Bd. 1, Wien 1988.

Knaus, H., Scholz, G., Formen in der Musik. Anregungen zur Musikanalyse, Bd. 2, Wien 1989.

Kolneder, W., Die Klarinette als Concertino-Instrument bei Vivaldi, in: Die Musikforschung (Sonderdruck), Jg. 4, Heft 2/3, o. J.

Kroll, O., Die Klarinette. Ihre Geschichte – Ihre Literatur – Ihre großen Meister, bearb. von Diethard Riehm, (Reprint der Ausgabe von 1965), Kassel u. a. 1993.

Kunitz, H., Die Instrumentation. Ein Hand - und Lehrbuch, Leipzig 1956.

Kühn, Cl., Formenlehre der Musik, 6. Aufl., Kassel u. a. 2001.

Kühn, Cl., Analyse lernen, hg. von Silke Leopold & Jutta Schmoll-Barthel, Bd. 4, 4. Aufl., Kassel u. a. 2002.

Lawson, C., The Cambridge Companion to the Clarinet, Cambridge, United Kingdom 1995.

Lawson, C., The Early Chalumeau Duets, in: The Galpin Society Journal, Nr. 27, Mai 1974, S. 125-130.

Lawson, C., The Early Clarinet. A practical Guide, Cambridge, United Kingdom 2000.

Lawson, C., Stowell R., The Historical Performance of Music: An Introduction, Cambridge, United Kingdom 1999.

Lawson, C., The Chalumeau in Eighteenth-Century Music, Michigan 1981.

Manfredo, J., Influences on the development of the Intrumentation of the American Collegiate Wind-Band and Attempts for Standardization of the Instrumentation from 1905-1941, in: W. Suppan und E. Brixel (Hg.), Tutzing 1995 (Alta Musica 17).

Marold, A., Spiel in kleinen Gruppen, Tutzing 1999 (Alta Musica 21).

Mauser, S., (Hg.), Handbuch der musikalischen Gattungen. Musiktheater im 20. Jahrhundert, Bd. 14, Laaber 2002.

Messenger J. Ch., A Comprehensive Performance Project in Clarinet Literature with an annotated Bibliography of selected Books and Periodical Material about the History, Repertoire, and Acoustics of the Clarinet, University of Iowa, Iowa 1971.

Mitchell, J. C., The Kneller Hall Archives. The British Military Band Tradition in Manuscript, in: W. Suppan und E. Brixel (Hg.), Kongreßbericht Mainz 1996, Tutzing 1998 (Alta Musica 20).

Morgan, J. B., The Clarinet Choir, M. M. Thesis, University of Michigan, 1962.

Morgan, J., The History of the Clarinet Choir, in: Woodwind Anthology. A Compendium of Woodwind Articles from The Instrumentalist [o. Hg.], Vol. 2, Northfield, Ill. 1986, S. 767-769.

Nowak, K. E., A Survey & Analysis of selected Clarinet Choir Literature for Use at the High School Level, A Thesis, Faculty of California State University, Fullerton 1979.

Pfatschbacher, F., Der Klarinettenchor, Tutzing 2005.

Randall, D. M., A Comprehensive Performance Project in Clarinet Literature with an Essay on the Clarinet Duet from ca. 1715 to ca. 825, unpublished doctoral dissertation, University of Iowa, Iowa 1970.

Rau, U., Die Kammermusik für Klarinette und Streichinstrumente im Zeitalter der Wiener Klassik, Phil. Diss., Saarbrücken 1977.

Redfield, J., Music. A Science and an Art, New York 1928.

Rehfeldt, Ph., New Directions for Clarinet, Berkely und Los Angeles, California 1994.

Restle, C., Fricke H., (Hg.), Faszination Klarinette, München u. a. 2004.

Revelli, W. D., The Balanced Clarinet Choir, in: Woodwind Anthology. A Compendium of Woodwind Articles from The Instrumentalist [o. Hg.], Vol. 2, Northfield, Ill. 1986, S. 667.

Rice, A. R., The Baroque Clarinet, Oxford 1992.

Rice, A. R., The Clarinet d'Amour and Basset Horn, in: Galpin Society Journal, Nr. 39, September 1986, S. 97-111.

Riehm, D., Die europäische Klarinette in der Kunstmusik, in: Ludwig Finscher (Hg.), MGG, Sachteil, Bd. 5, Kassel u. a. 1996, Sp. 177.

Riley, E., A Comprehensive performance project in Clarinet Literature with an Essay on the Quality Dimensions of Clarinet Tone: A Preliminary Investigation, University of Iowa, D.M.A., Iowa 1977.

Ross, D. E., A Comprehensive Performance Project in Clarinet Literature with an organological Study of the Development of the Clarinet in the Eighteenth Century (Volume I and II), unpublished doctoral dissertation, University of Iowa, Iowa 1985.

Salmen, W., (Hg.), Der Sozialstatus des Berufsmusikers vom 17. bis 19. Jahrhundert. Gesammelte Beiträge im Auftrag der Gesellschaft für Musikforschung, Kassel 1971.

Sachs, C., Real-Lexikon der Musikinstrumente, New York 1979.

Sadie, S., (Hg.), The New Grove Dictionary of Music and Musicians, Vol. 1-29, London – New York 2001.

Sandner, W., Die Klarinette bei Carl Maria von Weber, in: Lothar Hoffmann-Erbrecht (Hg.), Neue Musikgeschichtliche Forschungen, Bd. 7, Wiesbaden 1971.

Scholz. G., (Hg.), Pluralismus analytischer Methoden. Publikationen des Instituts für Musikanalytik Wien, Bd. 3, Frankfurt am Main 1996.

Shackleton, N., Bass clarinet, in: The New Grove Dictionary of Music and Musicians, Vol. 2, London – New York 2001, S. 862-864.

Shackleton, N., Basset-horn, in: Ebda, S. 867-869.

Shackleton, N., The Clarinet of Western art music, in: Ebda, S. 902.

Shackleton, N., The Earliest Basset Horns, in: The Galpin Society Journal, Nr. 40, S. 2-23.

Shaw, D. J., A Five-piece Wind Band in 1518, in: The Galpin Society Jounal, Nr. 43, März 1990, S. 60-67.

Sirker, U., Die Entwicklung des Bläserquintetts in der ersten Hälfte des 19. Jahrhunderts, in: Kölner Beiträge zur Musikforschung, hg. von K. G. Fellerer, Bd. L, Regensburg 1968.

Slonimsky N., Kuhn L., (Hg.), Baker's Biographical Dictionary of Musicians, New York 2001.

Stephan, R., (Hg.), Neue Wege der musikalischen Analyse, in: Veröffentlichungen des Instituts für neue Musik und Musikerziehung Darmstadt, Bd. 6, Berlin 1967.

Stirrat, G. D., The Development and Use of the Clarinet Choir in the American Concert Band, unpublished Ed. D. dissertation, Columbia University, New York 1968.

Stoneham M., Gillaspie J. A, Clark D. L., Wind Ensemble Sourcebook and Biographical Guide, Westport, CT 1997.

Stubbins, H. W., The Art of Clarinetistry, Michigan 1974.

Stuckenschmidt, H. H., Neue Musik, Frankfurt/Main 1981.

Suppan, A., Blasmusik-Dissertationen in den USA, in: Studia musicologica Academiae Scientiarum Hungaricae 36, Budapest 1995, S. 181-226.

Suppan, W. & Suppan, A., Das Neue Lexikon des Blasmusikwesens, 4. Auflage, Freiburg-Tiengen 1994.

Suppan, W., Das Klarinetten Duett, in: Festschrift zum 65. Geburtstag von Ludwig Finscher, Kassel u. a. 1995, S. 289-297.

Suppan, W., Blasmusikforschung seit 1966. Eine Bibliographie, hg. von B. Habla, Tutzing 2003.

Suppan, W., Der musizierende Mensch. Eine Anthropologie der Musik, in: Abel-Struth, S. (Hg.), Musikpädagogik 10, Mainz 1984.

Suppan W., Die Harmoniemusik, in: Festschrift zum 65. Geburtstag von Walter Salmen, hg. von M. Fink u. a., Innsbruck 1991, S. 151-165.

Suppan, W., Werk und Wirkung. Musikwissenschaft als Menschen- und Kulturgüterforschung (Musikethnologische Sammelbände), hg. von W. Suppan, Bd. 15-17, Tutzing 2000.

Waln, G. E., The Clarinet Choir, in: Woodwind Anthology. A Compendium of Woodwind Articles from The Instrumentalist [o. Hg.], Vol. 2, Northfield, Ill. 1986, S. 683-684.

Walther, J. G., Musicalisches Lexicon oder Musicalische Bibliothec (Studienausgabe im Neusatz des Textes und der Noten), hg. von Friederike Ramm, Kassel u. a. 2001.

Weerts, R. K., The Clarinet Choir as a Functional Ensemble, in: Woodwind Anthology. A Compendium of Woodwind Articles from The Instrumentalist [o. Hg.], Vol. 2, Northfield, Ill. 1986, S. 800-803.

Weerts, R. K., Clarinet Choir Music, in: Woodwind Anthology. A Compendium of Woodwind Articles from The Instrumentalist [o. Hg.], Vol. 2, Northfield, Ill. 1986, S. 747-748.

Weerts, R. K., The Clarinet Choir of Yesterday and Today, in: Woodwind Anthology. A Compendium of Woodwind Articles from The Instrumentalist [o. Hg.], Vol. 2, Northfield, Ill. 1986, S. 833.

Weiner, L. B., The Unaccompanied Clarinet Duet from 1825 to the Present: An Annotated Catalogue, phil. Diss. New York University 1980 (Rez. von Norman Heim), in: Council for Research in Music Education 71, Summer 1982, S. 63f.

West, Ch. W., A Comprehensive Performance Project in Clarinet Literature with an Essay on Music for Woodwinds and Strings, Five to Thirteen Players, Composed between ca. 1900 and ca. 1973; A Catalogue of Compositions, and Analyses of selected Works by Composers active in the United States after 1945, unpublished doctoral dissertation, D.M.A., University of Iowa, Iowa 1975.

Weston, P., More Clarinet Virtuosi of the past, London 1992.

Weston, P., Clarinet Virtuosi of the past, London 1994.

Whitwell, D., Band Music of the French Revolution, hg. von W. Suppan und E. Brixel, Tutzing 1979 (Alta Musica Bd. 5).

Whitwell, D., The History of the Band and Wind Ensemble, Bd. 1-9, Northridge, California 1982-1984.

Wilkins, W., The Index of Clarinet Music, Magnolia, Arkansas 1975.

6 Werkkatalog

Dieser Werkkatalog für Klarinettenchor erhebt aufgrund der immensen Fülle des Materials nicht den Anspruch auf Vollständigkeit und ist nur als kleiner Auswahlkatalog zu sehen.

Diese Zusammenstellung beinhaltet aber neben Bearbeitungen auch sehr viele Originalwerke, die durchaus auch zum Standardrepertoire gezählt werden können.

Es sei noch angemerkt, dass auch die *Social Networks* bei der Literatursuche nicht vergessen werden sollten. Eine wahre Fundgrube für gute Arrangements ist auch die *Hermann Clarinet Choir Music Collection*[155] vom Klarinettenchorpionier Harvey Hermann in Illinois.

Die *ICA Score Collection*[156] an der University of Maryland ist ebenfalls erwähnenswert, nicht zuletzt, da man dort viele Originalwerke findet. Darüber hinaus ist es in Zeiten des *Internets* relativ einfach, online bei den entsprechenden Verlagen und Bibliotheken nach geeigneter, aktueller Literatur zu recherchieren.

Nach folgenden Anortnungskriterien ist das Werkverzeichnis zusammengestellt: In der 1. und 2. Spalte folgt die alphabetische Nennung der Komponisten. In der 3. Spalte erscheint der Werktitel und falls angegeben in Klammer der Bearbeiter und das Erscheinungsjahr. In der 4. Spalte sind, soweit recherchierbar, die verschiedenen Verlage angeführt.

---

[155] vgl. www.dfapam.com/clarinetchoir/2006pricelist.pdf [Zugriff am 24.07.2017]

[156] vgl. www.lib.umd.edu/scpa/ [Zugriff am 24.07.2017]; siehe dazu auch Friedrich Pfatschbacher, Der Klarinettenchor, Tutzing 2005.

WERKKATALOG

Name	Vorname	Werktitel	Verlag
Aegler	Gottfried	Schweizer Volksmusik	Aegler
Albinoni	Tomaso	Concerto "Saint Marc" (arr. W. Schmidt)	Western
Alexander	William	Fantasy on plainchants from Salisbury	AMC
Alla	Thierry	Lunaire (14 Klar.)	Fuzeau
Almila	Atso	A Mario	FIMIC
Amos	Keith	Mr. Fothergill's Sunday	CMA
Anderson	Leroy	Blue Tango (arr. C. Custer)	Maecenas
Anderson	Leroy	The Waltzing Cat (arr. R. van der Wal)	Maecenas
Anonyme		Grandfather's Clock (arr. M. Brand)	Vandoren
Anonyme		Sounds & Rounds (arr. M. Brand)	Vandoren
Appledorn	Mary J. van	Ayre	Southern
Arma	Paul	Douze Instantanés	Billaudot
Bach	J. Christian	Allegro aus Sinfonie Nr. 2 (arr. Voxman)	Rubank

Bach	J. Christian	Andante aus Sinfonia B-Dur (arr. Heim)	Kendor
Bach	J. Sebastian.	Brandenburg Concerto No. 1	Hilltop
Bach	J. Sebastian	Brandenburg Concerto No. 2	Hilltop
Bach	J. Sebastian	4 Choräle (arr. Johnston)	Shawnee
Bach	J. Sebastian	Air aus Orchestersuite Nr. 3 (arr. Sacci)	Kendor
Bach	J. Sebastian	Alla breve (arr. R. Dishinger)	Medici
Bach	J. Sebastian	Allein Gott in der Höh (arr. Dishinger)	Medici
Bach	J. Sebastian	Bach Suite (arr. P. Yoder)	Southern
Bach	J. Sebastian	Canzona (arr. R. Dishinger)	Medici
Bach	J. Sebastian	Celebrated Air (arr. Cl. W. Johnson)	Halter
Bach	J. Sebastian	Chorale "Sleepers awake" (arr. L. Caillet)	Southern
Bach	J. Sebastian	Christmas Oratorio (arr. R. Hervig)	Rubank
Bach	J. Sebastian	Fuge (arr. R. Dishinger)	Medici
Bach	J. Sebastian	Fuge (arr. E. Curry)	
Bach	J. Sebastian	Fuge Nr. 10 (arr. R. Dishinger)	Medici
Bach	J. Sebastian	Jesus, Joy of man's desiring (arr. Borgo)	Kendor

Bach	J. Sebastian	„Little"- Fugue in G minor (1994)	Hakari
Bach	J. Sebastian	O Mensch, Bewein (arr. P. Grainger)	RSM
Bach	J. Sebastian	Präludium und Fuge D Minor (arr. Hite)	Southern
Bach	J. Sebastian	Preludes, Allemande und Courantes aus den 4 Sonaten (arr. Corroyez)	Billaudot
Bach	J. Sebastian	Puer Natus in Bethlehem (arr. R. Hervig)	Rubank
Bach	J. Sebastian	Trio d-Moll (arr. R. Dishinger)	Medici
Bach	Friedemann	Grave (arr. R. Dishinger)	Medici
Bailey	Anthony	College Counterpoint	Trio
Bailey	Anthony	Towards the Wind	Trio
Ball	Michael	Concertino	Studio Music
Balsac	Jean Claude	Bénit soit-il	
Barat	J. Ed.	Piece en Sol mineur (arr. G. F. Roach)	Southern
Barber	Samuel	Adagio for Strings (arr. L. Cailliet)	Schirmer
Barker	Warren	Sketches from America	
Baron	Maurice	The Last Tryst	Southern
Bartók	Béla	Folksong Suite (arr. F. Erickson)	Schirmer

Bartok	Béla	Roumanian Folk Dances (S. Kabayashi)	Bravo
Becheri	Roberto	Dissolvenze Incrociate (7 Klar.)	Pizzicato
Beethoven	Ludwig van	Adagio aus Klaviersonate "Pathetique" (arr. Cl. W. Johnson)	Rubank
Beethoven	Ludwig van	Für Elise (arr. L. Conley)	Kendor
Beethoven	Ludwig van	Ode to Joy	Kendor
Beethoven	Ludwig van	Rondino	Hilltop
Beethoven	Ludwig van	Scherzo uit octet, Op. 13 (arr. Johnson)	Rubank
Benoit	Peter	Fantasia 3, op. 18 (arr. J. De Doncker)	de haske
Benoit	Peter	Luim (arr. Joh. De Doncker)	de haske
Berlin	Irvin	Puttin on the Ritz (arr. A. Frankenpohl)	Kendor
Bernstein	Leonard	West Side Story (arr. Rutherford)	
Bizet	Georges	Adagietto aus "L'Arlésienne" (arr. Cailliet)	Southern
Bizet	Georges	Gypsy Dance aus "Carmen" (arr. Conley)	Kendor
Bloch	Ernest	Prelude and Processional (arr. J. O'Reilly)	Schirmer
Blyton	Carey	Fanfare and Royal March Op. 77	Reynard
Bois	Rob du	Fleeting (1977)	Donemus

Bois	Rob du	Iguanadon	Donemus
Boon	Michael	Gypsy Baron Overture	Cimarron
Borgo	Elliot del	Dodecaphonic Essay (1978)	Kendor
Borgo	Elliot del	Dona nobis pacem (arr.)	Kendor
Borgo	Elliot del	Irish Suite (arr.)	Kendor
Borodin	Alexander	Nocturne (arr. S. Nestico)	Kendor
Boyce	William	Sinfonie Nr. 4, 1. Satz (arr. del Borgo)	Kendor
Bozza	Eugene	Lucioles pour Ensemble de Clarinettes	Leduc
Brahms	Johannes	Motette op. 29, Nr. 1 (H. Voxman)	Rubank
Brahms	Johannes	Chorale Prelude Nr. 8 (arr. R. Fote)	Kendor
Brahms	Johannes	Cradle Song (arr. L. Lucchetta)	Kendor
Brahms	Johannes	Hungarian Dance (arr. F. Halferty)	Kendor
Brahms	Johannes	String Quintet Nr. 1 (arr. Mac Leod)	MacLeod
Bratton	John	The Teddy Bears Picnic (arr. Riss-Jensen)	R.-Jensen
Brown	Raynor	Symphonie (1970)	Western
Bullard	Alan	Circular Melody	Harlequin
Bullard	Alan	Cyclic Harmony	Harlequin

Butterworth	Arthur	Ludwigstanz Op. 56 (1975)	Comus
Buxtehude	Dietrich	Fugue (arr. R. Brown)	WIM
Buxtehude	Dietrich	Praeludium (arr. N. Heim)	WIM
Buxtehude	Dietrich	Toccate e fuga (arr. L. J. Coeck) (1991)	Southern
Cacavas	John	Two Miniatures	Southern
Cailliet	Lucien	Canzonetta 2	Leblanc
Cailliet	Lucien	Caprice Sentimental for Solo Cl. (1958)	Leblanc
Cailliet	Lucien	Carnival (1963)	Southern
Caillet	Lucien	Fantasie	Southern
Cailliet	Lucien	Clarinet Poem	Southern
Cannon	Hughie	Bill Bailey (arr. J. Christensen)	Kendor
Cardon	Roland	3 Shortys	Ande
Cardon	Roland	Prelude	Ande
Carrera	Pedro	Versets (arr. R. Brown)	WIM
Cartney	Paul Mc.	Yesterday (Y. Gourhand)	IMD
Carvalho		L`Amore Industrioso (arr. Wyver)	Hilltop
Casteel	D.	Londonderry Air	Kendor
Celis	Frits	Incantations	

Chiarparin	Antonio	Omaggio a Zoltan Kodaly	Pizzicato
Christensen	James	When the Saints Go Marching In (arr.)	Kendor
Cibulka	Franz	Clariphonic	Cibulka
Clarke	Frederick R.	Suite	CMC
Clarke	Frederick R.	Trumpet Voluntary (arr. R. Dishinger)	Medici
Clérisse	Robert	Vieille Chanson (arr. G. Roach)	Southern
Cohn	James	Caprice	
Coleridge	Samuel	Waltzes	Hilltop
Cooke	Arnold	Septet for Clarinets	World
Corelli	Arcangelo	Folie d´ Espagne (arr. A. Morris)	Pro Art
Corelli	Arcangelo	Kirchensonate (arr. J. Thornton)	Southern
Corette	Michel	Concerto Comique (Cl. Crousier)	Fuzeau
Couperin	Francoise	The Sailor's Song (arr. R. Dishinger)	Medici
Cowles	Colin	Paen	Studio
Crawley	Clifford	Harlequinade	CMC
Crousier	Claude	Tourbillons	Fuzeau
Cunnigham	Michael G.	Coloratura Op. 80 (1978)	Dorn

Debussy	Claude	Le Petit Negre (arr. A. Bailey)	Nieuwe
Debussy	Claude	Nuages (L. Conley)	Kendor
Debussy	Cluade	Petite Suite (arr. R. Howland)	Fema
Debussy	Claude	Sarabande (arr. S. Davis)	WIM
Desportes	Yvonne	Charactères	Billaudot
Dodgson	Stephen	Epigrams from A Garden (1977)	BMIC
Dondeyne	Désiré	Marche promenade (1994)	Billaudot
Dondeyne	Désiré	Symphonie des Clarinettes	Billaudot
Donizetti	Gaetano	Don Pasquale Overture (L. Anderson)	Jeanne
Dvořák	Antonin	Menuett aus der Serenade op. 44 (arr. C. W. Johnson)	Rubank
Dvořák	Antonin	String Quintet (arr. Ellis-MacLeod)	MacLeod
Eerola	Lasse	Scenes from Northern Carelia	FIMIC
Ellerby	Martin	Looping the Loop	
Fagerudd	Markus	The Carousell	FIMIC
Fauré	Gabriel	Pavane (arr. D. Farnon)	G&M Brand
Fisher	Aidan	Refrain (1995)	
Foster	Stephen	Jeanie with the Light Brown Hair (arr.)	De Stefano

Foster	Stephen	Stephen Foster Jazz Suite	Kendor
Frackenohl	Arthur	Ballad for George	Shawnee
Frackenpohl	Arthur	Clarinet Rag (1994)	Kendor
Frackenpohl	Arthur	Licorice Licks	Kendor
Frackenpohl	Arthur	Prelude and Allegro (1969)	Shawnee
Franck	Cesar	Panis angelicus (arr. J. de Jesu)	Chas. Colin
Frescobaldi	Girolamo	Ricercare (arr. J. Underwood)	Kendor
Fucik	Julius	Einzug der Gladiatoren (arr. Goddard)	Spartan
Gabriele	Giovanni	Canzona per Sonare No. 2 (arr. Ayres)	Barnhouse
Garland	Joe	In the mood (C. Custer)	Belwin
Gates	Everet	Seasonal Sketches	Southern
Geoffrey	Coleby	Rags for Brass Quintett	Boosey
Gerber	Renae	A Terpsichore	Pizzicato
Gershwin	George	Fascinating Rhythm (arr. J. Power)	Power music
Gershwin	George	Prelude Nr. 2	Nieuwe
Gluck	Christoph W.	Hymnus aus "Iphigenie in Tauris" (arr. Th. T. Donley)	Medici

Goddaer	Norbert	Paganinesque	Lantro
Goddaer	Norbert	Theme and Dance	Lantro
Gordon	Jacob	Introduction and Rondo	Boosey
Gordon	Philip	Capriccio	Kendor
Gottschalk		Caprice (arr. R. Dishinger)	Medici
Grainger	Percy A.	Molly on the Shore (arr. St. Knight)	Cimarron
Grainger	Percy A.	Australian Up Contry Tune (arr. Allen)	
Grainger	Percy A.	Walking Tune (S. D. Farquhar)	Splunge
Graupner	Christoph	Sonata in G	Schirmer
Grieg	Edward	An der Wiege Op. 68 (arr. H. Voxman)	Rubank
Grieg	Edward	Holberg Suite (arr. R. Denwood) (2000)	Kendor
Grieg	Edward	In der Halle des Bergkönigs (arr. Hine)	Harlequin
Grieg	Edward	Lyrisches Stück Nr. 2 (arr. H. Voxman)	Rubank
Grieg	Edward	Norwegischer Tanz (arr. T. Fino)	Kendor
Grieg	Edward	Norwegischer Tanz Nr. 1-4 (arr. R. Denwood)	Kendor
Groot	B. de	Het land van Maas en Waal (arr. Maintz)	

Grundman	Clare	Caprice for Clarinets	Boosey
Händel	Georg F.	Air & Gigue from 12 Concerti Grossi (arr. H. Voxman)	Rubank
Händel	Georg F.	Chaconne (arr. E. Del Borgo)	Kendor
Händel	Georg F.	Concerto in F Minor	Shawnee
Händel	Georg F.	Julius Caesar Ouvertüre(arr. D. Wilcox)	Shawnee
Händel	Georg F.	Konzert (arr. Anderson)	Shawnee
Händel	Georg F.	Larghetto (arr. F. Sacci)	Kendor
Händel	Georg F.	Largo und Allegretto (arr. D. Hite)	Southern
Händel	Georg F.	Largo aus „Xerxes" (arr. Findlay)	Fischer
Händel	Georg F.	Marsch aus „Joshua" (arr. Th. T. Donley)	Medici
Händel	Georg F.	Messias Ouvertüre (arr. K. E. Webb)	Kendor
Händel	Georg F.	Pastoral Symphony (arr. K. E. Webb)	Kendor
Händel	Georg F.	Sarabande (arr. R. Dishinger)	Medici
Händel	Georg F.	Sarabande und Bourree (arr. K. Webb)	Kendor
Händel	Georg F.	Sarabande und Allegro aus dem Concerto Grosso Nr. 3 (arr. Voxman)	Rubank

Händel	Georg F.	Sonate Nr. 5 (arr. R. Dishinger)	Medici
Handy	William C.	St. Louis Blues (arr. J. Christensen)	Kendor
Hanna	W. & B.	The Flintstones (arr. J. van der Goot)	Muzika
Harris	Paul	Clarinetwise (2001)	Queen´s
Hart	Paul	Eric's Czardas (1996)	Harlequin
Harvey	Paul	Dances of Atlantis (1997)	Harlequin
Harvey	Paul	El Torneo	Reynard
Harvey	Paul	Happijazz	Harlequin
Harvey	Paul	Jollipop	Harlequin
Harvey	Paul	Rockabelly	Harlequin
Harvey	Paul	The Keel Rock	Harlequin
Harvey	Paul	Sinfonietta	Harlequin
Haydn	Josef	Divertimento Nr. 1 (arr. R. Hindsley)	Southern
Haydn	Josef	Feld-Parthie in C (arr. P. Wastall)	Boosey
Haydn	Josef	Feld Parthie in F (arr. P. Wastall)	Boosey
Haydn	Josef	Presto aus dem Quartett Nr. 17, Op. 3	Pro Art

Haydn	Josef	Sinfonie Nr. 100. Daraus: 2. Satz (arr. Cl. W. Johnson)	Rubank
Haydn	Josef	Symphonie Nr. 85 – La Reine	Hilltop
Haydn	Josef	Sinfonie Nr. 88. Daraus: Menuett und Trio (arr. H. Feldsher)	Kendor
Haydn	Josef	Sinfonie Nr. 94. Daraus: 3. Satz (arr. Cl. W. Johnson)	Rubank
Hefti	Neal	Batman Theme (arr. C. Custer)	Warner
Heim	Norman	Elegy Op. 8 (1976)	Kendor
Heim	Norman	Preludium and Canzona (1976)	Kendor
Heim	Norman	Symphonic Sketches	Norcat
Hennagin	Michael	4 Etudes	
Hidas	Frigyes	Three Sketches for Clarinet Choir (1988)	EMB
Hite	David L.	Vienna Baroque Suite (arr. Cl. W. Johnson)	Ludwig
Holt	Darrell	Blues for Stephanie	
Horner	James	My heart will go on (arr. L. Moore)	Leonard
Hughes	Eric	Celebration Overture	Harlequin

Hummel	Johann N.	Marche Romaine (arr. Wyver)	Hilltop
Hummel	Johann N.	Rondo from Concerto for Trumpet (arr. W. Schmidt)	WIM
Hurum	Helge	Kropps-Holdninger (1975)	NMIC
Hurum	Helge	Mosaic: Suite for Clarinet Choir (arr. W. Schmidt)	Norsk
Hurum	Helge	Mosaik (1983)	NMIC
Hutchinson	Warner	Suite for Clarinet Choir	Kendor
Hyman	Dick	Sextet for Clarinets	Kendor
Ingalls	Matt	Naked Time (1992)	M. Ingalls
Jacob	Gordon	Introduction and Rondo (1973)	Boosey
Jacob	Gordon	Wind in the Reeds (1983)	Studio
Janacek	Leos	Allegretto aus der 1. Sinfonietta	N. Lent
Johnson	Clair W.	Scherzo capriccio	Rubank
Joplin	Scott	The Chrysanthemum (arr. W. Schmidt)	WIM
Kander	John	Theme from New York (C. Custer)	Belwin
Karel	Leon	Elegy and Dance (arr. L. Caillet) (1965)	Southern
Karg-Elert	Siegfried	Now thank we all our God (arr. Heim)	Kendor

Khachaturian	Aram	Armenian Song (arr. A. Estes)	Kendor
Kirkwood	Derick	A Robert Burns Fantasy	Iatona
Kirkwood	Derick	Ayrshire Clarinets	Iatona
Klauss	Noah	Dolce (with a beat)	Kendor
Klauss	Noah	Clarinetics	Emerson
Klauss	Noah	Electronic Brain	Kendor
Knight	Steve	Mock Morris	Cimarron
Koepke	Paul	Allegro Rococo	Rubank
Krell	W. H.	Mississippi Rag (arr. Frackenpohl)	Kendor
Krenek	Ernst	Three Short Pieces, Op. 83 (arr. F. Erickson) (1969)	Schirmer
Kreutzer	Konradin	Prayer (arr. Th. T. Donley)	Medici
Kubizek	Wolfgang	Fickle Decissions	
Kupferman	Meyer	A Little Licorice Concerto	Dorn
Küffner	Josef	Introduktion, Thema und Variationen (arr. P. Harvey)	Harlequin
Lasso	Orlando di	Echo Song (arr. R. Hall)	Eight Note

Legrenzi	Giovanni	La Buscha. Sonata (arr. Chr. Vadala)	Medici
Lennon	& McCartney	When I'm Sixty Four (arr. P. Riss-Jensen)	R.-Jensen
Lerstad	Terje B.	Adagio for Contrabass, Op. 113 D (1986)	NMIC
Lerstad	Terje B.	Elise Onder de Oliphant, Op. 151 (1982)	NMIC
Lerstad	Terje B.	Gloria, Op. 115 (1977/80)	NMIC
Lerstad	Terje B.	Incantations, Op. 103 B (1977)	NMIC
Lerstad	Terje B.	Madamme de la Mountaine..., Op. 11	NMIC
Lerstad	Terje B.	Mirrors in Ebony, Op. 114 (1981)	NMIC
Lerstad	Terje B.	Ouverture for Clarinet Choir (1974)	NMIC
Lerstad	Terje B.	Allegro for 16 Clarinets, Op. 10 (1969)	NMIC
Lerstad	Terje B.	Suite for Clarinet Choir, Op. 103 A	NMIC
Lewin	Gordon	Calle de Flores	Harlequin
Lewin	Gordon	The Grand Old Duke of York (1995)	Harlequin
Lewin	Gordon	Grass Roots	Harlequin
Lewin	Gordon	Hava nagila (arr.)	Brasswind
Linkola	Jukka	Chalumeaux-Suite	FIMIC
Logothetis	Anestis	Emanation	

Loucheur	Raymond	En famille (1970)	Billaudot
Livingston	J. & Evans	Silver Bells (arr. C. Calvin)	Belwin
Lumbye	H. C.	Champagne Galop (arr. M. Wehding)	Wemus
Lunde	Ivar jr.	Nuances, Op. 55 (1975)	Kendor
MacDowell	Edward A.	Woodland Sketches (arr. N. Heim)	Kendor
Mancini	Henry	Charade (arr. J. Fairhead)	Cascade
Mancini	Henry	The Pink Panther (arr. C. Custer)	Belwin
Marcello	Benedetto	Psalm eighteen (arr. N. Heim)	Kendor
Martin	Hugh & Bl.	Have yourself a merry little christmas (arr. C. Custer)	Maecenas
Massenet	Jules	Angelus (arr. L. Cailliet)	Southern
Masser	Michael	The greatest love of all (arr. C. Custer)	Belwin
McCathren	Don	Electronic Brain (arr. N. Klauss)	Kendor
Mendelssohn	Felix	Allegro Vivace 5. Symph. (H. Feldsher)	Pro Art
Mendelssohn	Felix	Dance of the clowns (arr. Th. T. Donley)	Medici
Mendelssohn	Felix	Fingal´s Cave Overture (arr. D. Freeman)	
Mendelssohn	Felix	Saltarello aus der 4. Symph. (Howland)	Wingert

Mendelssohn	Felix	Tarantella, Op. 102, Nr. 3 (arr. K. Webb)	Kendor
Menken	Alan	Aladdin (arr. J. van der Goot)	Muzika
Mestrom	Maarten	Sinfonietta for Clarinet Choir	Trio
Miller	Glennn	Moonlight serenade (arr. C. Custer)	Belwin
Molter	J. Melchior	Konzert Nr. 3 (arr. L. Anderson)	Jeanne
Morales	E.	Two Spanish Renaissance Works (arr. R. Dishinger)	Medici
Mozart	Wolfgang A.	Adagio (arr. H. Voxman)	Rubank
Mozart	Wolfgang A.	Adagio from Quintett in G Minor (arr. F. Sacci)	Kendor
Mozart	Wolfgang A.	Adagio aus der Serenade Nr. 11 in Eb (arr. P. Wastall)	Boosey
Mozart	Wolfgang A.	Allegro maestoso (arr. F. Sacci)	Kendor
Mozart	Wolfgang A.	Allegro and Allegretto from Div. Nr. 2 (arr. L. Danfelt) (1974)	Shawnee
Mozart	Wolfgang A.	Andante aus dem Divertimento (Thilde)	Kendor
Mozart	Wolfgang A.	Andante und Rondo aus dem Horn Konzert (arr. F. Sacci)	Kendor

Mozart	Wolfgang A.	Andante aus Divertimento Nr. 1 (arr. M. Reid)	Kendor
Mozart	Wolfgang A.	Ave Verum Corpus (arr. Th. T. Donley)	Medici
Mozart	Wolfgang A.	Chorus from the Magic Flute (arr. Th. T. Donley)	Medici
Mozart	Wolfgang A.	Contredanse (arr. Y. Bouchet)	IMD
Mozart	Wolfgang A.	Cosi Fan Tutte. Overture (arr. D. Casteel & McCathren)	Kendor
Mozart	Wolfgang A.	Die Hochzeit des Figaros (arr. L. Caillet)	Southern
Mozart	Wolfgang A.	Divertimento Nr. 6 (arr. Cl. W. Johnson)	Rubank
Mozart	Wolfgang A.	Eine kleine Nachtmusik (arr. J. Lancelot)	Billaudot
Mozart	Wolfgang A.	Eine kleine Nachtmusik (arr. Trebsche)	Reimers
Mozart	Wolfgang A.	Eine kleine Nachtmusik. Daraus: 1. Satz (arr. F. Sacci)	Kendor
Mozart	Wolfgang A.	Eine kleine Nachtmusik. Daraus: 2. Satz (arr. F. Sacci)	Kendor
Mozart	Wolfgang A.	Eine kleine Nachtmusik. Daraus: 3. Satz (arr. Cl. Johnson)	Rubank

Mozart	Wolfgang A.	Eine kleine Nachtmusik. Daraus: 3. Satz (arr. F. Sacci)	Kendor
Mozart	Wolfgang A.	Eine kleine Nachtmusik. Daraus: 4. Satz (arr. F. Sacci)	Kendor
Mozart	Wolfgang A.	aus der Symph. Nr. 36 (arr. van der Wal)	Rubank
Mozart	Wolfgang A.	Polonaise und Presto aus dem Div. Nr. 12 (arr. R. Hervig)	
Mozart	Wolfgang A.	Quadrille (arr. Y. Bouchet)	IMD
Mozart	Wolfgang A.	Quintett (arr. Ellis-MacLeod)	MacLeod
Mozart	Wolfgang A.	Rondo Alla Turca (arr. A. Bailey)	Harlequin
Mozart	Wolfgang A.	Rondo from Serenade No. 10 (arr. Pillin)	WIM
Mozart	Wolfgang A.	The Marriage of Figaro (arr. Howland)	Fema
Mozart	Wolfgang A.	Serenade Nr. 1. Daraus: Menuetto (arr. H. Voxman)	Rubank
Mozart	Wolfgang A.	Sinfonia Concertante KV 279 b (arr. M. Frankton)	Music for Winds
Mozart	Wolfgang A.	Sinfonietta in B (arr. F. Frackenpohl)	Shawnee
Mozart	Wolfgang	Türkischer Marsch (arr. K. Morita)	Bravo
Nelhýbel	Václav	Chorale and Danza	Southern

Nelhybel	Václav	Peter Piber	Southern
Nelhybel	Vaclav	Ricercare for Clar. and Sax. Choir (1966)	Southern
Nestico	Sammy	A Study in Contrast	Kendor
Niehaus	Lennie	A Christmas Jazz Portrait	Kendor
Niehaus	Lennie	All Too Soon	Kendor
Niehaus	Lennie	Christmas Jazz Favorites (arr.) 3 Bände	Kendor
Niehaus	Lennie	Clarinetwork	Kendor
Niehaus	Lennie	Gay 90's Jazz Suite (1993)	Kendor
Niehaus	Lennie	Jubilation	Kendor
Niehaus	Lennie	Miniature Jazz Suite Nr. 1	Kendor
Niehaus	Lennie	Popular American Songs. 2 Bände	Kendor
Niehaus	Lennie	Spiritual Jazz Suite	Kendor
Niehaus	Lennie	Stephen Foster Jazz Suite	Kendor
Niehaus	Lennie	Wood Tacks	Kendor
Niehaus	Lennie	Yuletide Jazz Suite. 2 Bände	Kendor
Ostransky	Leroy	Andante und Rondo	Rubank

Owen	Harold	Fantasies on Mexican Tunes (1981)	WIM
Pachelbel	Johann	Kanon (arr. A. Suppan)	Kliment
Pagotto	Mario	Anche i sogni danzano?	Pizzicato
Paradis	Maria T. von	Sicilienne (arr. A. Blank)	Roncorp
Parfrey	Raymond	A March of Moods	Comus
Payne	Frank Lynn	Miniaturen	Seesaw
Pezel	Johann Chr.	Three Pieces	Kendor
Pezel	Johann Chr.	Sonate Nr. 38 (arr. R. Dishinger)	Medici
Pezel	Johann Chr.	Sonate Nr. 4 (arr. R. Dishinger)	Medici
Pommier	Jean-Pierre	Diptyque	Fuzeau
Presser	M.	Choral Fantasy (1962)	Southern
Prokofiev	Serge	Peter und der Wolf (arr. J. van der Goot)	Muzika
Pugnani	Gaetano	Menuetto (arr. R. Dishinger)	Medici
Purcell	Henry	Sonata (arr. D. Marlatt)	Eight Note
Rachmaninof	Sergei	Moment Musical Nr. 3 (arr. W. Schmidt)	WIM
Rachmaninof	Sergei	Prelude Op. 3 Nr. 2 in C# Minor	Harlequin
Rachmaninof	Sergei	Vocalise (arr. A. Bailey)	Harlequin

Ravel	Maurice	Pavane pour une infante défunte (arr. D. Hite)	Southern
Ravel	Maurice	Pièce en forme de Habanera (arr. Finno)	Kendor
Reed	Alfred	Clarinette Valsante (arr. D. McCathren)	Kendor
Reger	Max	Benedictus, Op. 59, Nr. 9 (arr. R. Brown)	WIM
Reinhardt	D.	En Verdine (arr. Y. Bouchet)	IMD
Respighi	Ottorino	Bergamasca (arr. Boone)	
Rheinberger	Josef	Introduction and Passacaglia (arr. Brown)	WIM
R.-Korsakoff	Nikolaj	Ballade (arr. R. Hervig)	Rubank
R.-Korsakoff	Nikolaj	Hummelflug (arr. L. Caillet)	Southern
R.-Korsakoff	Nikolaj	Dance of the Buffoons (arr. G. F. Roach)	Southern
Roberts	Timothy	Toreador Song (arr. E. Vincent)	Southern
Roden	Robert R.	Difference of Opinion (1966)	Southern
Roden	Robert R.	Two Water Colors	Southern
Roden	Robert R.	Waltz and Beguine (1971)	Southern
Roost	Jan van der	Puszta (arr. M. Jense)	de haske

Roost	Jan van der	Rikudim. Vier israelische Volkstänze (arr. M. Jense) (1990)	de haske
Roovers	N.	Suite for Clarinet Choir	
Rossini	Gioacchino	Italian in Algiers (arr. H. G. Palmer)	Kendor
Rossini	Gioacchino	La Cenerentola Overture (arr. Anderson)	Jeanne
Rossini	Gioacchino	William Tell – Overture (arr. P. Harvey)	Harlequin
Runchak	Volodymyr	The Duel (1995)	Runchak
Sacci	Frank	Christmas Carol for Clar. Choir, 1 & 2	Kendor
Saint-Saens	Camille	Indroduction et Rondo Capriccioso (arr. A. Suppan)	Kliment
Saint-Saens	Camille	Romanze in F	Southern
Salter	Timothy	Heptad (1982)	Usk Edition
Salzedo		Canzona Op. 106 (1986)	Lopes
Sammlung		Christmas Carols (arr. F. Sacci) 2 Hefte	Kendor
Sammlung		Christmas Jazz Medley	Kendor
Sammlung		Clarinet Choir Repertoire by Voxman	Rubank
Sammlung		Robbins Collection of Classics for Balanced Clarinet Choir by Barnes	Big Three

Scarlatti	Domenico	The cat's fuge (arr. F. Thurston)	Southern
Scheidt	Samuel	Canzon super Intradam Aechiopicam (arr. C. Anderson)	Schirmer
Schickele	Peter	Monochrome III (1976)	E.-Vogel
Schmidt	William	The Turkish Lady	WIM
Schmidt	William	Vendor's Call (1976)	WIM
Schmitt	Florent	Sextuor op. 128	Billaudot
Shostakovich	Dimitri	2 Preludes (arr. W. Schmidt)	WIM
Schubert	Franz	Menuett und Trio (arr. Cl. W. Johnson)	Rubank
Schubert	Franz	Militärmarsch D-Dur, op. 51 (arr. A. Suppan)	Kliment
Schubert	Franz	Symphonie Nr. 5. Daraus: 1. Satz (arr. M. Walton)	Australian
Schumann	Robert	Etude, Op. 56, Nr. 5 (arr. R. Brown)	WIM
Schumann	Robert	Etude, Op. 56, Nr. 6 (arr. R. Brown)	WIM
Schumann	Robert	Fuge, Op. 60, Nr. 1 (arr. R. Brown)	WIM
Schumann	Robert	Paradise and the Peri (arr. Th. T. Donley)	Medici

Schumann	Robert	Serenade (arr. Bale)	Bale
Schumann	Robert	Sketch, Op. 58, Nr. 4 (arr. R. Brown)	WIM
Schwartz	Paul	Vienna Baroque Suite (arr. D. Hite) (1970)	Ludwig
Schwarz	Ira-Paul	Capriccio	Rubank
Scott	Ronald	Bagatelle Nr. 1	Cimarron
Searle	Humphrey	Divertimento op. 54 (1970)	Faber
Snavely	Jack	Motif and Variation (1967)	Kendor
Soenen	Willy	Dia y Noche	
Soenen	Willy	Variations on a Theme by one of Guido's Friends	
Sousa	John Philipp	Stars and Stripes forever (arr. L. Conley)	Kendor
Spaniola	Josef	Rocky Mountain Rising	
Spaniola	Josef	Sweet Light's Reflection	
Stamitz	Carl	Allegretto (arr. E. Del Borgo)	Kendor
Stamitz	Karl	Konzert Nr. 1 in F-Dur (arr. G. Dangain)	Billaudot
Steinberg	Paul	Ebonata (1980)	Kendor
Stevenson	Jennifer	Tempisne Edax Rerum	

Strauß	Johann	Perpetuum Mobile, Op. 257	Kendor
Strauß	Joh. & Josef	Pizzicato Polka (arr. J. Lancelot)	Billaudot
Strauß	Joh. & Josef	Pizzicato Polka (arr. J. Van der Goot)	Muzika
Strauß	Johann (Sohn)	Neue Steirische Tänze, op. 61 (arr. A. Suppan)	Kliment
Strauß	Johann	Radetzky-Marsch (arr. J. Lancelot)	Billaudot
Strauß	Johann	Radetzky-Marsch (arr. K. Schmid)	Kliment
Stravinsky	Igor	Ronde des Princesses (arr. W. Schmidt)	WIM
Sundell	Spencer	December Fog	Dorn
Susato	T.	Three Susato Dances (arr. D. Marlatt)	Eight Note
Tartini	Giuseppe	Concertino (arr. G. Jacob) (1969)	Boosey
Telemann	Georg Ph.	Largo und Presto aus der Suite (arr. Cl. Johnson)	Rubank
Telemann	Georg Ph.	Polonaise und Passepied (arr. Cl. W.Johnson)	Rubank
Thommessen	Olav Anton	Stanzas for Clarinet (1975)	Norsk
Tiensuu	Jukka	Vento	FIMIC
Traditional		Sinterklaas Potpourri (arr. J. v. der Goot)	Muzika

Traditional	When the Saints go marching in (arr. J. Christensen)	Kendor
Traditional	Dona nobis pacem (arr. E. Del Borgo)	Kendor
Traditional	Gay 90´s Jazz Suite (arr. L. Niehaus)	Kendor
Traditional	Irish Suite (arr. E. Del Borgo)	Kendor
Traditional	Londonderry air (arr. D. Casteel)	Kendor
Traditional	Spiritual Jazz Suite (arr. L. Niehaus)	Kendor
Traditional	Stephen Foster Jazz Suite (arr. L. Niehaus)	Kendor
Traditional	Yuletide Jazz Suite Nr. 1 (arr. L. Niehaus)	Kendor
Traditional	Yuletide Jazz Suite Nr. 2 (arr. L. Niehaus)	Kendor
Tschaikowsky Peter I.	Andante Cantabile (arr. Cl. W. Johnson)	Rubank
Tschaikowsky Peter I.	Canzonetta and Finale aus dem Violin-Konzert (arr. L. Cailliet) (1962)	Leblanc
Tschaikowsky Peter I.	Dance of the Reed Pipes (arr. L. Conley)	Kendor
Tschaikowsky Peter I.	Elegie (arr. N. H. Seward)	Wingert
Tschaikowsky Peter I.	Finale (arr. L. Caillet)	Southern

Tschaikowsky Peter I.		Marsch aus „Der Nußknacker" (arr. D. Kirkwood)	Iatona
Tschaikowsky Peter I.		Mini Overture (arr. L. Conley)	Kendor
Tschaikowsky Peter I.		Quartett. Daraus: Andante cantabile (arr. Cl. W. Johnson)	Rubank
Tschaikowsky Peter I.		Romanze (arr. G. Lewin)	Harlequin
Tschaikowsky Peter I.		Russischer Tanz aus "Der Nußknacker" (arr. R. Holder)	de haske
Tschaikowsky Peter I.		Schwanensee. Daraus: Russischer Tanz (arr. R. Holder)	de haske
Tschaikowsky Peter I.		Trepak (arr.L. Conley)	Kendor
Tschaikowsky Peter I.		Waltz from Serenade for Strings (arr. F. Sacci)	Kendor
Uber	David	Andante and Danza	Southern
Uber	David	Interdiffussions and Scherzando	Kendor
Uber	David	Masques	Kendor
Uber	David	Musicale	Kendor
Uber	David	Parade	Southern

Uber	David	Three Settings for Clarinet Choir	Kendor
Vänskä	Osmo	Image	FIMIC
Verdi	Guiseppe	La Forza del Destino (arr. P. Harvey)	Harlequin
Villa-Lobos	Heitor	Aria aus Bachianas Brasileiras Nr. 5 (arr. J. Krance) (1971)	Associated
Vinter	Gilbert	Sextett	MS
Vivaldi	Antonio	Konzert für 2 Klarinetten. Daraus: 1. Satz (arr. M. Walton)	Australian
Vivaldi	Antonio	Konzert in Es-Dur, Nr. 28 (arr. K. Peters)	Belwin
Vivaldi	Antonio	Konzert in F-Dur, Nr. 36 (arr. K. Peters)	Belwin
Walters	Harold L.	Blue Twilight	Rubank
Walters	Harold L.	Valse a la scherzo	Rubank
Watts	Isaac	My Shepherd Will Supply My Need (arr. A. Rice-Young)	Alry Pub.
Webber	Andrew L.	The Phantom of the Opera (arr. J. van der Goot)	Muzika
Weber	Alain	Sextuor	MS
Weber	Carl Maria v.	Fantasia and Rondo (arr. N. Heim)	Shawnee

Weber	Carl Maria v.	Grand Duo Concertante (arr. M. Walton)	Australian
Weber	Carl Maria v.	Walz and Trio (arr. Wyver)	Hilltop
Werner	Jean-Jacques	Trois Paraphrases (1986)	Choudens
White	Gary	Convolutions (1982)	Kendor
Wilder	Alec	Suite for Clarinet Choir (1979)	Margun
Williams	Ralph V.	Rhosymedre (arr. P. Williams)	Jensen
Wilson	Brian	I get around (arr. C. Calvin)	Belwin
Woolfenden	Guy	Three Dances (1985)	Ariel
Yoder	Paul	Bach-Suite	Southern
Young	Donald	Kroyer Variations	Kendor
Young	Donald	Northern Legend	Kendor
Zabka	Stan & Upton	Christmas eve in my hometown (arr. C. Custer)	Belwin
Zamecnik	Evzen	Eine kleine Abendmusik	Rundig
Zingarelli	Nicola A.	Motet (arr. J. Verne)	Kendor

6.1 Werke mit Klarinetten-Chor Begleitung

Hier ist in der 1. Spalte in alphabetische Reihenfolge der Titel, in der 2. Spalte das Soloinstrument, in der 3. Spalte der Schwierigkeitsgrad (1-6) und in der 4. Spalte der Komponist und der Arrangeur angeführt.

Titel	Instrument	Grad	Komponist/Arr.[157]
Allegro, KV 407	Horn	4	Mozart/Fischer
Allegro Maestoso	Horn	5	Mozart/Sacci
Andante and Scherzo	Klarinette	6	Gennaro
Andante und Rondo	Horn	5	Mozart/Sacci
Canzonetta	Alt Sax	4	Tschaikowsky/Cailliet
Concert Piece Nr. 1	2 B-Klarinetten	5	Mendelssohn/Schwarz
Concerto in B-flat	B-Klarinette	5	Händel/Anderson
Concertino	Flöte	5	Chaminade/Palmer-Heim
Concertino	B-Klarinette	5	Tartini/Jacob
Concerto in C, Op. 46, Nr. 1	2 Trompeten	6	Vivaldi/Yates
Concerto Saint Marc	Trompete	5	Albinoni/Schmidt
Concerto	Klarinette	5	Graupner/Anderson
Concerto in F minor	C-Instrument	4	Händel/Anderson

---

[157] vgl. dazu N. Heim (Hg.), Clarinet Choir. News International, Heft 7, Hyattsville, Maryland 1982, S. 8-9.

Concerto Nr. 3	Es-Klarinette	5	Molter/Anderson
Fantasia and Rondo	Klarinette	4	Weber/Heim
Fantasies	3 Trompeten	4	Owen H.
Finale	Klarinette	5	Tschaikowsky/Cailliet
Flight of the Bumble Bee	Alt-Sax	5	Korsakoff/Cailliet
Indroduction and Concertante op. 58	Bass-Klarinette	4	Heim, N.
Lullaby	Es-Klarinette	5	Klauss, N.
Nuages	Alt-Sax	5	Debussy/Conley
Piece en Sol Mineur	3 B-Klarinetten	4	Barat/Roach
Poem	Horn	6	Heim, N.
Prelude, Interlude and Scherzo	Es-Klarinette	5	Heim, N.
Red Rosy Bush	Alt-Sax	4	Cable, H.
Romance in F	Horn	4	Saint Saens/Cailliet
Rondo from Concerto	Trompete	5	Hummel/Schmidt
The Brook	Fagott	2	Organn
The Turkish Lady	Trompete	5	Schmidt, W.
Untitled Poem	Flöte/Klavier	6	Rarig, H.
Vendor's Call	Klavier	6	Schmidt, W.

6.2 Diskografie-Tipps

Von einer Diskografie im eigentlichen Sinne möchte ich in diesem Buch Abstand nehmen und dafür auf die großen Online CD Shops, Streaming Anbieter, Social Networks und zahlreichen Online Verlage verweisen bzw. einige Tipps geben.

Für die Suche nach Klarinettenchor Aufnahmen ist in diesem Zusammenhang das weltweit größte Musikstreaming-Webportal für klassische Musik *Naxos Music Library* zu erwähnen.[158]

Empfehlenswerte Einspielungen jedoch findet man auf den Webseiten von *Harvey Hermann* (Illinois)[159] und *Mitchell Estrin* (Florida).[160]

Möchte auch auf die regelmäßig erscheinende Serie *Clarinet Cache*[161] von *Kellie-Lignitz Hahn* und Gast Autor *Bret Pimentel* in der internationalen Fachzeitschrift *The Clarinet* aufmerksam machen (erstmalig erschienen Juni 2008). Auch hier findet man zahlreiche Links zu hervorragenden Klarinettenchören mit vielen interessanten Repertoirelisten und Aufnahmen.[162]

---

[158] www.naxosmusiclibrary.com/ [Zugriff am 27.07.2017]

[159] vgl. www.dfapam.com/clarinetchoir/ [Zugriff am 27.07.2017]; vgl. dazu auch Kap. 6.

[160] vgl. http://arts.ufl.edu/sites/clarinet-studio/uf-clarinet-ensemble/recordings/ [Zugriff am 27.07.2017]

[161] vgl. Kellie Lignitz Hahn, Clarinet Cache, in: The Clarinet, Vol. 35, Nr. 3, Juni 2008 ff.

[162] vgl. online Ausgabe www.clarinetcache.com/2016/03/clarinet-choirs.html

FSC
www.fsc.org
MIX
Papier | Fördert
gute Waldnutzung
FSC® C083411

Zeitfracht Medien GmbH
Ferdinand-Jühlke-Straße 7
99095 Erfurt, Deutschland
produktsicherheit@kolibri360.de